Rössler
Gesundes Ego – starkes Ich

W0191297

Gesundes Ego – starkes Ich

Kraft aus sich selbst schöpfen

Julitta Rössler

**Bibliografische Information
der Deutschen Nationalbibliothek**
Die Deutsche Nationalbibliothek verzeichnet diese
Publikation in der Deutschen Nationalbibliografie;
detaillierte bibliografische Daten sind im Internet
über http://dnb.d-nb.de abrufbar.

© 2018 TRIAS Verlag in Georg Thieme Verlag KG

Rüdigerstr. 14
70469 Stuttgart
Deutschland

www.trias-verlag.de

Printed in Germany

Programmplanung: Imke Rötger, Freiburg
Redaktion: Imke Rötger, Freiburg
Bildredaktion: Christoph Frick, Nadja Giesbrecht
Umschlaggestaltung und Layout:
CYCLUS Visuelle Kommunikation, Stuttgart
Satz: Ziegler & Müller, Kirchentellinsfurt
gesetzt mit APP/3B2, V. 9
Druck: Westermann Druck Zwickau GmbH,
Zwickau

ISBN 978-3-432-10611-3   1 2 3 4 5 6

Auch erhältlich als E-Book:
eISBN (ePub) 978-3-432-10613-7

Liebe Leserin, lieber Leser,
hat Ihnen dieses Buch weitergeholfen? Für An-
regungen, Kritik, aber auch für Lob sind wir offen.
So können wir in Zukunft noch besser auf Ihre
Wünsche eingehen. Schreiben Sie uns, denn Ihre
Meinung zählt!

Ihr TRIAS Verlag

E-Mail Leserservice: kundenservice@trias-verlag.de

Adresse:
Lektorat TRIAS Verlag, Postfach 30 05 04,
70445 Stuttgart
Fax: 07 11-89 31-7 48

Besuchen Sie uns auf facebook!
www.facebook.com/trias.tut.mir.gut

Lassen Sie sich inspirieren!
www.printerest.com/triasverlag

*Du bist mutiger, als du glaubst,
stärker, als du scheinst,
und intelligenter, als du denkst.*

A. A. Milne

Die Autorin

Julitta Rössler, Dipl.-Kffr. und Psychologin B.A., ist die Expertin für das Thema Resilienz. Ihr zentrales Arbeitsmotto als Coach, Trainerin, Rednerin und Autorin ist: »Ich mache Sie stark!« Der rote Faden in ihrer Tätigkeit und Arbeit sowohl mit Gruppen als auch im Coaching ist die intensive Auseinandersetzung mit Aspekten der inneren Stärke aus einem weit entwickelten, voll entfalteten und reifen Selbst.

www.julitta-roessler.de

Inhalt

Einleitung

Sie haben dieses Buch über ein gesundes Ego, über IHR gesundes Ego zur Hand genommen. Es handelt von der Kraft, die aus Ihrem Selbst kommt, von Freiheit und von lebendigem und lustvollem Leben.

In zehn Kapiteln führe ich Sie in die wesentlichen Bereiche der Ich-Stärkung. Ich begleite Sie auf einer großartigen Reise zu sich selbst, zu Ihrem positiven Selbst. Sie werden Ihre Stärken und Ressourcen erkennen und zunehmend Kräfte aus sich heraus entwickeln. So gelangen Sie zu mehr Selbstentfaltung. Sie werden immer mehr Ihrem Wesenskern entsprechend leben können, so, wie Sie sind, und mit allem, was Sie ausmacht. Denn dieses Buch handelt auch von weniger *Müssen* und mehr *Können* und *Wollen* im Leben.

Doch keine Sorge: Ein starkes und gesundes Ego ist nicht egoistisch oder gar narzisstisch. Im Gegenteil: Ein starkes Selbst wird Ihnen helfen, achtsam und verantwortungsvoll wirklich wertvolle Freundschaften, Liebesbeziehungen, familiäre und kollegiale Verbindungen zu gestalten. Ihre innere Haltung, Ihr Ich-Sein wird positiv auf die Menschen um Sie herum ausstrahlen.

Jedes der zehn Kapitel ist in sich abgeschlossen und kann losgelöst von den anderen Kapiteln gelesen werden. Sie können sich also jeweils dem Thema zuwenden, das gerade besonders wichtig für Sie ist. Vielleicht fühlen Sie sich momentan unsicher. Dann interessiert Sie wahrscheinlich das Kapitel zum Thema Selbstsicherheit am meisten. Vielleicht hadern Sie auch gerade mit sich selbst, Ihrem Äußeren, Ihren »Macken«. Dann sind die Kapitel zu den Themen Selbstwertschätzung und Selbstakzeptanz vorrangig für Sie.

Entscheiden Sie selbst, was Sie gerade brauchen. Das ist bereits eine erste Übung hin zu einem starken Selbst. Ganz gleich, in welcher Kapitelfolge Sie bei der Lektüre vorgehen, am Ende gelangen Sie zu sich – zu Ihrem starken Selbst.

In jedem Kapitel gibt es Anregungen, Übungen und Impulse für die praktische Umsetzung in Ihrem alltäglichen Leben. Probieren Sie sie aus, machen Sie mit, schenken Sie sich erste Erfolge.

Doch nun Augen und Herz auf: Haben Sie eine spannende, anregende und dennoch leichte Lektüre und viel Freude beim Lesen und Ausprobieren.

Kapitel 1
Selbstwertschätzung

Ich bin wertvoll wie ein Schatz

Beim Stichwort »Selbstwert« kommt mir immer die Umkleidekabine in Bekleidungsgeschäften in den Sinn. Ein Ort, der – zumindest für Frauen – das Selbstwertgefühl gegen null bringen kann. Alle Problemzonen kommen im Licht der Umkleidekabine schonungslos zum Vorschein. Sämtliche Falten, Speckrollen, Cellulite-Dellen, Besenreiser zeigen sich mit gnadenloser Deutlichkeit. Das eben noch heiß ersehnte knappe und kurze Kleid sieht auf einmal überhaupt nicht mehr verführerisch aus. Unser innerer Feind des Selbstwertgefühls mischt sich lautstark mit seinen Kommentaren und Gedanken ein: *»Mit der Figur kannst du sowas wirklich nicht tragen! Guck dich doch mal richtig an«* oder *»Der Lack ist ab. Du bist eben keine zwanzig mehr! Sieh's endlich ein!«* oder *»Wie du inzwischen aussiehst, kannst du das Thema Sex bald abhaken. Welcher Mann sollte dich nackt noch anziehend finden?«*

Ich vermute mal, dass es dem einen oder anderen Mann nicht so viel anders ergeht. Schonungslos zeigt sich, dass der Adonis-Körper Schnee von gestern ist. An die Stelle des einstigen Waschbrettbauchs ist nun eine männliche Rundung getreten, liebevoll von manch einem Mann auch »Feinkostgewölbe« genannt.

Auch die männliche Eitelkeit wird an diesem gnadenlosen Ort hart auf die Probe gestellt.

Der Feind in uns

Was zeigt diese erste Assoziation bei der Beschäftigung mit dem Thema Selbstwert? Wir richten unsere Aufmerksamkeit häufig zuerst auf die kritischen und den Selbstwert mindernden Aspekte. Sie stehen automatisch zuerst in unserem Fokus. Offenbar auch bei mir.

Uns selbst sind wir oft der größte Feind, nicht nur in puncto Äußerlichkeiten. Auch in alltäglichen Situationen oder im Job begegnen wir uns sehr kritisch und schwächen unsere eigene Wertigkeit, anstatt sie zu stärken. Wenn uns beispielsweise im Straßencafé ein Glas umfällt, meldet sich unser innerer Feind mit den Worten: »*War ja klar, dass ausgerechnet dir das passiert. Du bist halt fahrig und tollpatschig!*« Wir hätten auch denken können: »*Kann passieren. Glücklicherweise ist nichts auf die Hose gelaufen!*«

Berufliche Situationen sind nicht anders, im Gegenteil! Wir lassen kein gutes Haar an uns, wenn uns Fehler passieren, verfallen in Selbstzweifel, wenn der Chef uns kritisiert, reagieren unsicher und empfindlich auf Tuscheleien der Kollegen hinter unserem Rücken, zweifeln an unserer Kompetenz, wenn wir herausfordernde Aufgaben übertragen bekommen, nehmen Kritik persönlich …

Auch mir passiert das immer wieder. Manchmal bin ich beispielsweise unzufrieden mit meinen Schreibergebnissen des Tages. Dann höre ich meinen inneren Feind sagen: »*Heute hast du ja mal wieder nicht viel geschafft. Wenn du so weitermachst, wird das nichts mit der pünktlichen Abgabe des Manuskripts beim Verlag. Jetzt reiß dich endlich mal zusammen und bleib dran.*« Es hätte mir auch in den Sinn kommen können: »*Du hast dich angestrengt. Mehr ging heute nicht. Morgen klappt es bestimmt wieder besser. Jetzt gönn dir erstmal eine Pause. Dann kriegst du auch wieder neue Ideen.*«

»Schätzelein« – Vom inneren Feind zum inneren Geliebten

Glücklicherweise gelingt mir diese eher versöhnliche Sicht mittlerweile recht häufig. Ich habe mich mit meinem inneren Feind inzwischen angefreundet. Er meint es ja im Grunde gut mit mir. Er passt auf, dass ich nicht in Lethargie verfalle, dass ich mich nicht hängen lasse, dass ich äußerlich auf mich achte, dass ich für jedes Parkett tauglich bin … Ich habe mich deshalb irgendwann entschlossen, ihm liebevoll den Namen »Schätzelein« zu geben. Unsere Liaison ist ein wenig so wie eine Liebesbeziehung. Mal wird das gemacht, was er möchte, und ein anderes Mal das, was ich möchte. Zusammen sind wir ein gutes Team. Wir stärken uns gegenseitig, respektieren uns und die guten Absichten. Und wir sagen uns ehrlich und offen unsere Meinung. Nach einer Auseinandersetzung lachen wir über uns und versöhnen uns wieder. Wenn er mal zu sehr dazwischenfunkt, mich streng zurechtweist und klein machen will, sage ich mit meiner inneren Stimme zu ihm: *»Schätzelein, lass gut sein. Ich sehe das jetzt anders als du.«*

Ich empfehle diese versöhnliche Art des Umgangs mit dem inneren Feind des Selbstwerts. Wenn wir versuchen, gegen ihn zu kämpfen und ihn zu vernichten, scheitern wir. Er gehört seit unserer Kindheit zu uns und ist an vielen gut gemeinten, aber letztlich unsere Wertigkeit einschränkenden Erziehungsbemühungen und Erfahrungen im Leben gewachsen. Ihn vernichten zu wollen, würde uns unendlich viel Energie kosten. Besser, wir treten in einen kritischen und uns selbst schützenden Dialog mit ihm.

Eine kleine Übung am frühen Morgen vor dem Spiegel kann als erster Versuch für einen guten Umgang mit ihm helfen. Kaum jemand sieht morgens früh nach dem Aufstehen wirklich gut aus. Wenn uns das beim Blick in den Spiegel unweigerlich klar wird, ist unser Feind auch schon da und sagt vielleicht: *»Du siehst ja heute Morgen wieder gruselig aus! Einfach zum Weglaufen.«* Hier ist der Moment, wo wir »Schätzelein« in die Schranken weisen und stattdessen in einen wohlwollenden Dialog mit uns selbst treten sollten. Etwa so: *»Schätzelein, sei jetzt mal still. Und* – zum Spiegelbild – *guten Morgen, Fremde(r). Ich kenne dich zwar nicht und sympathisch bist du mir auch noch nicht, aber ich mach dich jetzt erstmal zurecht und dann sehen wir weiter. Das kriegen wir hin, bestimmt.«* Und damit haben wir unserem inneren Feind den Wind aus den Segeln genommen. Die erste Hürde des Tages zu einer positiven und wertschätzenden Einstellung zu uns selbst ist genommen.

Die wohlwollende Seite des inneren Feindes

Wie alles hat auch der innere Feind zwei Seiten. Lassen wir zu, dass er sein Unwesen zu sehr ausleben kann, gerät er in die Übertreibung und schadet uns damit. Unser Selbstwertgefühl leidet. Geben wir ihm aber dort Aufmerksamkeit, wo er uns mit seinem kritischen Blick auf uns an den richtigen Stellen ein wenig schubst und auf Trab hält, kann das durchaus motivierend und aufbauend sein. Unser Selbstwert steigt durch Erfolgserlebnisse, die wir möglicherweise erst dadurch erleben. Auch deswegen sollten wir ihn nicht vernichten.

Nehmen wir an, Ihr Chef will Ihnen eine neue und herausfordernde Aufgabe übertragen, vielleicht die Führung eines Teams. Sie trauen sich diese Aufgabe nicht wirklich zu und überlegen vielleicht sogar, sie abzulehnen. Jetzt kann es sein, dass Ihr innerer Feind Sie deutlich kritisiert: »*Du alter Feigling. Ist klar, dass du wieder keine Traute hast. Wie letztes Mal auch, denkst du, du bist unfähig. Jetzt reiß dich zusammen, sei einmal mutig und geh es diesmal endlich an! Wenn es schiefgeht, hast du dazugelernt.*« Das kann die andere Seite von ihm sein. Er kann auch wohlwollend sehr streng mit uns umgehen. Diese Seite sollten wir annehmen und ihm gut zuhören. Genau dadurch eröffnen wir uns Entwicklungschancen, die uns stärken. Wie in einer guten Partnerschaft, wo wir gut gemeint ab und an den Spiegel vorgehalten bekommen. Das zwingt uns zur Selbstreflexion. Dadurch können wir uns positiv weiterentwickeln.

Es ist wesentlich für uns, für unser Leben, dass wir uns gut um unser Selbstwertgefühl kümmern und es stärken.

Denn das wohl wichtigste Urteil, das wir fällen können, ist tatsächlich das Urteil über uns selbst. Wenn wir uns selbst wohlwollend sehen und mögen, eröffnen wir uns die Chance, auch mit den Stolpersteinen des Lebens gut und gesund umgehen zu können. Ein positiver Blick auf uns schafft Selbstsicherheit. Das bewirkt, dass wir an uns und das, was uns in unserem Wesen einzigartig und wertvoll macht, glauben. Wohlgemerkt, es geht um unser Wesen, das, was uns im Kern ausmacht. Es geht nicht um das, was wir leisten und erreichen.

*Versuche nicht, ein erfolgreicher,
sondern ein wertvoller Mensch zu werden.*

Albert Einstein

Menschen, die sich selbst wertschätzen, sind zuversichtlich und schauen nach vorne. Sie sehen Belastungen, Krisen und Schwierigkeiten als weniger bedrohlich an und können Bewältigungsstrategien besser umsetzen. Sie glauben daran, für sich wirksam werden zu können. Sie fühlen sich den Herausforderungen des Lebens nicht hilflos ausgeliefert, denn sie glauben an ihre Möglichkeiten und Chancen. Auch wenn es schwierig ist. Und gerade, wenn es schwierig ist, ist das Empfinden hohen Selbstwerts die Plattform für gelingendes, erfolgreiches, zufriedenes und gesundes Leben.

Nichts gesagt ist eben nicht genug gelobt

Die jährlichen Gesundheitsberichte der Krankenkassen zeigen eine stetig zunehmende Zahl von Langzeiterkrankungen aufgrund psychischer Überlastung. Schaut man sich die Erklärungen der Ursachen an, so wird u. a. fehlende Wertschätzung und Anerkennung genannt. Das ist sehr bedauerlich, aber leider Fakt. Viele Menschen agieren nach dem Motto »*Nichts gesagt ist genug gelobt!*«. Im beruflichen wie im privaten Umfeld ist Selbstwertstärkung nicht an der Tagesordnung. Umso verstörender ist unser eigenes Verhalten, wenn wir einmal ein anerkennendes Lob erhalten. Es fällt vielen Menschen schwer, es ganz einfach dankend anzunehmen und sich darüber zu freuen. Schon auf ein simples Kompliment wie »*Du hast aber einen schönen Pullover an*« reagieren sie sich selbst abwertend mit »*Och, der war ganz billig*« oder »*Ich weiß nicht. Findest du wirklich?*«. Fühlen Sie sich gerade ertappt? Dann sagen Sie doch stattdessen einfach mal: »*Danke, das finde ich auch*« oder »*Freut mich, wenn er dir gefällt.*« Es tut doch gut, wenn jemand anders uns etwas Nettes sagt. Nehmen Sie es einfach an und freuen sich darüber.

Klingt ganz einfach, ist es aber offenbar nicht. Wir sind es nicht gewohnt, uns selbst positiv zu begegnen, und reagieren auch auf kleine alltägliche Schmeicheleien von außen unsicher, fast schon beschämt.

Woher kommt diese falsche Bescheidenheit?

Immer noch gilt es als egoistisch, egozentrisch ja vielleicht sogar narzisstisch, sich selbst zu mögen. Alte Muster aus unserer Erziehung wirken in uns. Werturteile wie »Eigenlob stinkt« sind in vielen von uns fest verankert. Gesellschaftliche Werte sind im Laufe unserer Sozialisation Teil unserer selbst geworden. Die dadurch gebahnten neuronalen Verknüpfungen wirken automatisch und beeinflussen unsere Werturteile. Bescheidenheit galt und gilt als eine Tugend. Wir haben gelernt, dass wir unsere eigenen Bedürfnisse nicht so wichtig nehmen sollen. Wir wurden erzogen, es stattdessen möglichst den anderen recht zu machen. Selbstverliebtheit gilt als ein Makel. Kein Wunder, dass wir uns so selten trauen, uns selbst zu schätzen, zu mögen und stolz auf uns selbst zu sein.

Hüten Sie den Schatz in sich

Dabei sind wir alle in unserem Wesen einzigartig, und zwar unter Milliarden von Menschen. Das alleine ist Grund genug, mit Respekt, Bewunderung und voller Liebe auf uns selbst zu schauen. Es ist doch ganz wundervoll, ein Unikat unter Milliarden zu sein. Darin sollten wir uns ein wenig sonnen, anstatt uns kleinzumachen. Wir sind jeder für sich großartig. Schauen wir doch mal genau hin. Fangen wir endlich an, uns wie einen wertvollen Schatz zu behandeln. Hätten wir einen, würden wir ihn auch sorgsam hüten, ihn vor fremder Inanspruchnahme und falscher Nutzung schützen und ihn ab und an polieren, damit er seinen Glanz behält.

Wäre unser Schatz ein wertvoller Edelstein, so würde sich gerade an seinen Ecken und Kanten das Licht brechen und er würde dadurch in schönstem Glanz erscheinen. So sollten wir auch auf unsere Ecken und Kanten schauen. Sie gehören zu uns und verleihen uns unseren ganz besonderen Wert. Ohne sie wären wir glattgeschliffen und verwechselbar. Zu unserem unschätzbaren Wert gehört auch unsere Mittelmäßigkeit und das, was nicht perfekt ist. Das gerade macht uns aus. Leider neigen wir aber dazu, andauernd irgendwelchen unerreichbaren Vorbildern nachzueifern. Wir optimieren unser Äußeres, hadern viel zu oft mit unseren Eigenschaften und Eigenarten und fühlen uns nicht gut, so wie wir eben sind.

Hören Sie auf damit!

In meinen Seminaren fordere ich die Teilnehmer gerne auf, in zwei Minuten mindestens zehn Eigenarten, Eigenschaften, Äußerliches, Haltungen etc. zu finden, für die sie sich selber mögen. Mit nahezu hundertprozentiger Sicherheit fällt das den allermeisten Teilnehmern sehr schwer. Fordere ich sie dagegen auf, mindestens zehn Dinge zu finden, die sie nicht an sich mögen, ist das in aller Regel eine einfache Übung.

Ich empfehle, sich zuhause immer wieder einmal wenige Minuten Zeit zu nehmen und auf die Suche nach den Anteilen bei sich selbst zu gehen, die man mag. Vielleicht notieren Sie sich die gefundenen Aspekte! Mit der Zeit wird es immer leichter und Ihnen werden immer mehr Dinge einfallen.

Allein die Beschäftigung mit der Frage »*Was mag ich an mir?*« verändert unseren Umgang mit uns selbst. Wir schließen Freundschaft mit uns und werden weniger empfindlich gegen Kritik von außen. Unsere Ausstrahlung wird sich positiv verändern. Das fördert wiederum positives Feedback von außen. Wir wachsen innerlich und fühlen uns stärker. Unsere Körperhaltung verändert sich. Wir gehen aufrecht und entspannt. Das strahlt Selbstsicherheit aus. All das hat überhaupt nichts mit Egozentrik oder gar Narzissmus zu tun. Das ist gesunde Selbstliebe, die uns schützt vor den Anfeindungen von außen.

Not fishing for compliments

Nützlich, bereichernd und aufbauend ist es auch, Menschen, denen wir vertrauen und die uns wirklich gut kennen, nach ihrem Bild von uns zu fragen. Das hat nichts mit »fishing for compliments« zu tun. Unser eigener Blick auf uns selbst unterscheidet sich deutlich von dem Blick anderer Menschen auf uns. Indem wir Fremdbilder von uns einholen, erweitern wir unseren Blick auf uns selbst und erfahren zusätzliche Aspekte unseres Wesens, die uns wertvoll machen.

Fragen Sie Ihren Partner, Ihre Partnerin, enge Freunde oder nahe Ver-
wandte einfach: *»Sag mal, was ist es, weshalb ich schon so lange eine so
gute Freundin, ein so guter Freund für dich bin?«*, *»Was magst du an
mir?«*, *»Wie kannst du mein Wesen beschreiben?«* Trauen Sie sich. Solche Fragen sind wir nicht gewohnt, und es fällt vielleicht schwer, sie
zu stellen. Ich verspreche Ihnen, Sie erhalten Antworten. Und Sie werden erstaunt sein, was Sie alles über sich erfahren. Es wird Ihr Selbstwertgefühl stärken.

Stellen Sie sich gleich darauf ein, dass Sie umgekehrt diese Fragen auch
beantworten müssen. Ihr Gegenüber wird neugierig werden und
ebenfalls etwas von Ihnen über sich selbst erfahren wollen. So kann
durch Ihre kleine Frage ein die Partnerschaft oder die Freundschaft
befruchtender Dialog entstehen. Die Nähe zueinander wächst. Auch
das tut gut und stärkt alle Beteiligten.

Ein anschauliches Bild für unsere Wertigkeit ist ein Geldschein, der
durch viele Hände gegangen ist, vielleicht einmal verloren wurde und
eine Weile im Schmutz der Straße gelegen hat und der möglicherweise sogar eingerissen ist. Diesen Schein können wir, egal wie sehr er
»gelitten« hat, in jeder Bankfiliale eintauschen gegen einen sauberen
und unversehrten neuen Schein. Sein Wert hat durch die negativen
Außeneinwirkungen nicht gelitten. So ist das mit uns auch. Egal, wer
oder was uns negativ zusetzt. Unser einzigartiger Wert, unser unver-
gleichliches Wesen und unsere Ausstrahlung werden dadurch nicht
tangiert. Wir sind und bleiben wertvoll aus uns selbst heraus.

Der Wert gesunder Selbstliebe

Um sich zu schützen, ist es sinnvoll, wertschätzend mit sich selbst
umzugehen und den eigenen Wert zu stärken. Denn, jeder, der sich
selbst wertschätzend begegnet, ist weniger abhängig von der viel zu
oft fehlenden Wertschätzung und Anerkennung anderer. Das soll nicht
heißen, dass es in Ordnung ist, wie es ist, und jeder Einzelne selbst
schauen muss, wie er sich schützt. Wer das nicht schafft, ist eben
selbst schuld. Nein, ein kultureller Wandel hin zu mehr Anerkennung

und Wertschätzung, hin zu mehr Menschlichkeit im Miteinander, ist dringend nötig. An vielen Stellen verändert sich auch bereits etwas. Dennoch braucht Wandel Zeit und ist nicht überall gleichermaßen gewollt. Es wird immer Situationen und Umgebungen geben, in denen man uns nicht aufbauend und stärkend behandelt und in denen wir uns in unserem Wert verletzt fühlen. Es gilt, sich zu schützen vor den negativen Wirkungen des Mangels und des Rauen in der privaten und beruflichen Welt.

Obendrein trägt die Stärkung des Selbstwertes jedes Einzelnen dazu bei, dass sich ein kultureller Wandel vollziehen kann. Jeder Mensch, der um seinen eigenen Wert weiß und ihn stärkt, ist ein Mensch mehr, dem es vermutlich gelingt, auch anderen Menschen wertschätzend zu begegnen. Wer sich dagegen selbst nicht mag und an sich selbst zweifelt, der kann auch anderen Menschen nur schwer offen und ehrlich wertschätzend begegnen. Insofern braucht es mehr Menschen mit einem positiven Blick auf sich selbst, um Veränderung hin zum Guten zu ermöglichen in der an vielen Orten unseres Lebens bisher noch großen Wüstenlandschaft mangelnder Anerkennung und Wertschätzung. Veränderung beginnt eben bei jedem Einzelnen selbst.

⚭ Fallbeispiel: Auf fünf Hochzeiten tanzen

Eine junge Frau kam zu mir ins Coaching. Sie war 35 Jahre alt, verheiratet, hatte eine kleine Tochter von vier Jahren und arbeitete Vollzeit als erfahrene und erfolgreiche Mitarbeiterin im Vertrieb eines mittelständischen Technologie-Unternehmens. Schon im ersten Gespräch zeigte sich, dass diese junge Frau in ihrem Bemühen, »auf fünf Hochzeiten gleichzeitig zu tanzen«, längst weit über ihre Belastungsgrenzen gegangen war.

Sie trug nahezu allein die Verantwortung für die Organisation des Familienalltags. Jeden Morgen um fünf Uhr stand sie auf, um sich selbst und ihre kleine Tochter fertig zu machen, sodass sie sie pünktlich um halb acht in der KiTa abgeben konnte. Um acht Uhr hatte sie schon ihre ersten Kundentermine. Nachmittags um spätestens halb fünf musste sie ihre Tochter wieder abholen. Häufige Staus brachten ständige Angst, es nicht pünktlich zu schaffen, und bereiteten ihr großen Stress. Die berufliche Situation war anstrengend. Als einzige Frau unter den Kollegen fühlte sie sich herausgefordert, ganz besonders gut zu sein. Zuhause plagte sie das schlechte Gewissen, nicht genug Zeit für ihre Tochter zu haben. Gleichzeitig übernahm sie die gesamte Verantwortung für die alltäglichen Aufgaben im Haushalt. Ihren Mann verschonte sie weitgehend damit. Sie erledigte nach Feierabend die Einkäufe, kochte für die Familie, machte die Wäsche … und bei allem hatte sie dabei hohe Erwartungen an sich selbst. Sie wollte eine perfekte Mutter, Hausfrau und Ehefrau sein. Gut war ihr nicht gut genug.

Früher hatte sie viel Sport getrieben, war ihrem Hobby, Kleider zu entwerfen und zu nähen, nachgegangen und hatte Zeit für Verabredungen mit Freundinnen gehabt. Das war schon lange Schnee von gestern. Ihr Mann dagegen fuhr regelmäßig nach Feierabend mit seinem Rennrad und traf sich mit Freunden. Sie arbeitete noch spät abends zuhause, nachdem sie im Haushalt alles erledigt und ihre Tochter ins Bett gebracht hatte.

Andauernd war sie bemüht, es allen recht zu machen und möglichst perfekt alle Anforderungen zu erfüllen. Immer war sie auf der Jagd nach Anerkennung und Beachtung durch andere. Selbst eine Krebserkrankung vor zwei Jahren hatte sie nicht zum Umdenken veranlasst. Warnhinweise ihres Arztes überhörte sie und fing eigentlich viel zu früh wieder an, ihren alltäglichen Wahnsinn zu stemmen. Sie hatte sich selbst völlig verloren und merkte langsam, dass sie diese Art zu leben nicht mehr lange würde durchhalten können.

In einer ersten Stufe unseres Coachings arbeitete ich mit ihr daran, sie grundlegend in ihrer positiven Selbstwahrnehmung zu stärken und aufzubauen. Ich ermutigte sie, sich selbst und das, was sie positiv ausmachte, zu betrachten. Ich gab ihr Impulse für eine Verlagerung ihrer Aufmerksamkeit von den vermeintlichen Anforderungen anderer Menschen an sie zu dem, was ihr selbst wichtig ist. Wir gingen gemeinsam auf die Reise hin zu dem, was sie lebendig und ganz bei sich selbst sein ließ, was sie an sich selbst mochte, was sie brauchte, wie ein ideales und gutes Leben für sie aussehen kann, worauf sie stolz ist, ... und betrachteten das, was sie ausmacht, was sie kann und was sie hat.

Ich konnte beobachten, wie sie sich mehr und mehr in ihrer eigenen Haut wohlfühlte und sich wieder spüren konnte. Je mehr sie positiv auf sich selbst schaute, desto mehr wurde ihr bewusst, wie sehr sie Grenzen für sich ziehen musste. Sie löste sich von ihrem Anspruch, perfekt sein zu müssen, um beachtet und angenommen zu werden. Aus dem gewachsenen Selbstwertgefühl heraus konnte sie im weiteren Verlauf ihre hohen Ansprüche auf ein gesundes Maß reduzieren. Sie war sich selbst wertvoll geworden und brauchte die Bestätigung von außen nicht mehr so dringend. Damit erwuchs in ihr auch der Mut, beispielsweise ihren Mann mit in die Verantwortung für die täglichen Familienaufgaben einzubinden. Sie traf Entscheidungen und kommunizierte ihre Grenzen. In einem ersten Schritt übertrug sie ihm die Verantwortung für die abendliche Versorgung der Tochter. Das schuf ihr Freiräume dafür, endlich wieder regelmäßig Sport zu treiben und dabei neue Energie zu tanken. Sie nahm sich selbst wieder ernst.

Am Ende unseres Coachings sagte sie mir auf die Frage, was das Wichtigste sei, das sie aus unserer Zusammenarbeit für sich mitnehme: »Ich habe das erste Mal in meinem Leben positiv auf mich selbst geschaut. Das hat mir Mut und Kraft gegeben.«

Dieser Fall zeigt, dass wir in uns selbst die Antworten darauf finden, was wir brauchen, was gut für uns ist und was das rechte Maß ist. Wenn wir uns nicht auf unsere innere Mitte besinnen, verlieren wir uns im Außen. Dann sind wir fremdbestimmt und den äußeren Erwartungen und Ansprüchen hilflos ausgeliefert. Erst der positive Blick auf unsere eigene Stärke und unsere Bedürfnisse macht uns frei und unabhängig davon. So gewinnen wir Klarheit, Stärke und Mut für wichtige Grenzziehungen. So können wir immer wieder gut für uns sorgen und uns vor Überlastung schützen.

Fragen, die Sie sich stellen können

- Wofür mag ich mich? Welche Eigenschaften, Einstellungen, Äußerlichkeiten, Fähigkeiten, Verhaltensweisen etc. fallen mir ein, die mir an mir selbst gefallen? Finden Sie mindestens zehn.
- Was macht meine Persönlichkeit aus? Was macht mein Wesen aus?
- An welches wirklich bewegende und wohltuende Kompliment, das mir jemand gemacht hat, kann ich mich erinnern? Was sagt es mir über mich? Welche ganz konkreten positiven Aspekte sieht derjenige, der das Kompliment ausgesprochen hat, an mir?
- Ich war richtig stolz auf mich, als …?
- Was brauche ich, um eine gute Meinung von mir zu haben?
- Was sind die positiven Seiten meiner Ecken und Kanten?

∠ Anregung zur Selbstreflexion
Weil ich es mir wert bin

Eine positive Selbstwahrnehmung ist ein Aspekt unserer Selbstwertschätzung. Ein anderer Aspekt ist ein wertschätzender Umgang mit uns selbst, ein wertschätzendes Verhalten im Alltag. Das kann auf viele Weisen zum Ausdruck gebracht werden.

Wie gehen Sie im Alltag mit sich selbst um? Denken Sie immer wieder einmal intensiv darüber nach und vervollständigen Sie dann folgenden Satz:

»Weil ich es mir wert bin,

....

....

....

....

....

....

....

....

....*«*

Vervollständigen Sie den Satz nicht nur einmal. Nehmen Sie sich ein Blatt oder ein Notizbuch oder legen Sie speziell dafür eine Datei an und schreiben Sie immer wieder diesen Satz mit Ihren Ergänzungen auf. Schreiben Sie es auf, sobald Ihnen etwas Neues dazu einfällt. Das sensibilisiert für einen liebevollen und wertschätzenden Umgang mit sich selbst im Alltag.

Hier einige Sätze als Anregung für Sie:

»Weil ich es mir wert bin, gönne ich mir zweimal im Monat eine wohltuende Ganzkörpermassage.«

»Weil ich es mir wert bin, versuche ich immer ausreichend zu schlafen.«

»Weil ich es mir wert bin, leiste ich mir ab und zu auch ein sündhaft teures Kleid oder eine besonders wertvolle Körpercreme oder ...«

»Weil ich es mir wert bin, meide ich Menschen, die mich andauernd viel Energie kosten, und verbringe stattdessen meine Zeit mit den Menschen, die ich mag, liebe, schätze, die mir guttun und in deren Nähe ich mich wohl fühle.«

»Weil ich es mir wert bin, mache ich ab und zu auch mal etwas, das in den Augen anderer vielleicht verrückt ist.«

»Weil ich es mir wert bin, gönne ich mir regelmäßig Auszeiten.«

»Weil ich es mir wert bin, ärgere ich mich nicht mehr über Dinge und Menschen, die ich nicht ändern kann.«

»Weil ich es mir wert bin, gönne ich mir ein wohltuendes Morgenritual, um gut in den Tag zu starten.«

»Weil ich es mir wert bin, bin ich in meiner Freizeit für berufliche Anliegen nicht erreichbar.«

Und jetzt sind Sie dran.

■—■ Übung: Der wertschätzende Morgengruß

Wenn Sie morgens aufstehen, gehen Sie vor den Spiegel und be-
grüßen Sie sich wohlwollend selbst. Schauen Sie sich in die Augen,
so wie Sie einem anderen Menschen in die Augen schauen, wenn Sie
mit ihm reden. Lächeln Sie sich freundlich an. Dann wünschen Sie
sich einen guten Morgen und sagen zu sich selbst beispielsweise:

*»Schön, dass du heute Morgen wieder da bist. Ich freu mich, dich auch
heute wieder zu sehen. Du bist wunderbar. Ich freu mich auf den Tag mit
dir. Ich weiß, dass du mir heute wieder mit all deinen Stärken und positiven Seiten deines Wesens zur Seite stehst. Mit dir zusammen schaffe ich
den Tag, egal was kommt. Ich mag dich, auch mit deinen Ecken und
Kanten.«*

Dieser Morgengruß kommt Ihnen vielleicht seltsam vor. Versuchen
Sie es. Wahrscheinlich werden Sie merken, dass es Ihnen guttut und
Sie sich gestärkt fühlen für den Tag. Allein ein Lächeln wirkt Wunder.
In dem Moment, in dem Sie sich anlächeln, verändert sich spürbar
Ihre Stimmung zum Positiven. Sie fühlen sich besser. Ihr Stoffwechsel
ändert sich. Sie können nicht gleichzeitig lächeln und trübsinnig sein
oder mit sich hadern. Probieren Sie es aus.

Einen positiven Nebeneffekt hat diese Übung obendrein. Wenn wir
uns selbst freundlich und wohlwollend begegnen, wird es leichter,
mit anderen Menschen in eine gute Beziehung zu treten. Wer sich
selbst mag, der mag auch andere Menschen. Wer sich selbst wertschätzen kann, dem fällt es leicht, auch anderen Menschen wertschätzend zu begegnen. Das erleichtert Vieles im Leben. Der wertschätzende Morgengruß ist eine kleine, aber sehr wirkungsvolle
Übung hin zu mehr Freundlichkeit im Miteinander, mit uns selbst
ebenso wie mit anderen Menschen. Und er ist ganz leicht und eignet
sich für ein wohltuendes Morgenritual als Start in den Tag.

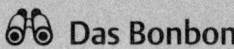 Das Bonbon

Eine Geschichte zur Bedeutung des Selbstwerts

Eine Freundin erzählte mir von ihrem cholerischen Chef. Nahezu jedes Mal, wenn sie mit ihm in seinem Büro saß, um die Termine und Projekte der kommenden Woche zu besprechen, brachte ihn eine Kleinigkeit in Rage. Er wurde laut, ausfallend und machte ihr verletzende Vorwürfe. Sie sei unfähig und mache einen schlechten Job. Das passierte immer wieder, ohne dass tatsächlich etwas vorgefallen war. Auch ihren Kollegen und Kolleginnen erging es so.

Meine Freundin fühlte sich dadurch immer persönlich angegriffen und hatte meist den restlichen Tag mit ihrem angekratzten Selbstwert zu kämpfen. Sie litt sehr darunter. Mit der Zeit merkte sie, dass sich ihre Selbstzweifel sogar im Privatleben fortsetzten.

Irgendwann wurde es ihr zu bunt. Sie wollte sich nicht länger »runtermachen« lassen von ihrem Chef. Sie erledigte ihre Arbeit zur Zufriedenheit aller Kollegen und Kunden. Niemand außer ihrem Chef hatte etwas zu kritisieren. Im Gegenteil: Viele Kunden gaben ihr sehr positives Feedback. Sie war allseits anerkannt und niemand zweifelte an ihrem Wert. Meine Freundin beschloss, sich nicht länger kleinmachen zu lassen.

Aber was könnte sie tun? Wie könnte sie gut für sich sorgen?

Irgendwann kam ihr *die* Idee: Immer, wenn sie zu ihrem Chef musste, steckte sie sich vorher ein paar Bonbons in die Hosentasche. Wenn er wieder wegen einer Kleinigkeit anfing, sie zu beschimpfen, sagte sie sich innerlich: *»Stopp, er meint mich nicht persönlich! Ich bin o.k. so, wie ich bin!«* Dann nahm sie ein paar tiefe Atemzüge und zog ein Bonbon aus der Tasche. Sie hielt es ihm mit einem Lächeln und den Worten *»Mögen Sie auch eins?«* hin, ohne überhaupt auf das von ihm gerade Gesagte einzugehen. Er war jedes Mal so überrascht, dass er nicht länger toben konnte. Meine Freundin fühlte sich nicht länger persönlich angegriffen und ihrem Wert verletzt und die gesamte Situation entspannte sich.

Kapitel 2
Selbstbewusstsein

Ich weiß, was mich ausmacht, was ich kann, was ich habe

»Und was machen Sie beruflich?« Das ist immer eine der Standardfragen beim Smalltalk unter Menschen, die sich noch nicht kennen. Im weiteren Verlauf dieser Gespräche wechseln die Themen zum letzten Urlaub, zur Automarke, zu Haus und Familie, zu den Schul- und Studienerfolgen der Kinder, zu den nächsten beruflichen Zielen. Selten geht es um den anderen Menschen. Stattdessen richtet sich das gegenseitige Interesse auf Erreichtes und auf Äußerlichkeiten. Menschen, die viel erreicht haben, strahlen Selbstbewusstsein aus und gerne wären wir wie sie.

Doch ich nehme den Begriff »Selbstbewusstsein« gerne wörtlich: sich seiner selbst bewusst sein.

Und das ist etwas anderes.

Schauen wir uns an, worauf wir häufig unser Bewusstsein richten. Von da aus lässt sich besser erklären, wie wir selbstbewusst – im wörtlichen Sinn verstanden – werden können. Im Übungsteil dieses Kapitels finden Sie eine Anregung, wie Sie Kompetenzen, Stärken, Erfolge und Erreichtes aus einer neuen Perspektive betrachten können.

Schönheitsideale, Modetrends und Rollendiktat

Wir alle haben bestimmte Bilder von uns selbst im Kopf. Bilder, wie wir glauben zu sein, Bilder, wie wir gerne sein möchten. Bilder, wie wir glauben sein zu müssen. Diese Bilder von uns bestimmen, wie wir leben, was wir anstreben, wofür wir uns entscheiden, was wir kaufen, wem wir nacheifern, mit wem wir unsere Zeit verbringen. Sie lenken uns nicht selten in einen harten Konkurrenzkampf mit anderen Menschen und setzen die Spirale der Selbstoptimierung in Gang. Letztere beginnt oft schon früh. Der Kampf beispielsweise um die Top-Model-Position im fast noch kindlichen Alter ist eine Form davon. Mütter von pubertierenden Töchtern wissen davon ein Lied zu singen. Später sind es die besten Noten, die höchsten Studienabschlüsse, die beruflichen Erfolge, das größere Haus und, und, und. Andauernd geht es darum, »es zu schaffen«, erfolgreich zu sein und dem gerade aktuellen Idealbild zu entsprechen.

In diesem Spiel führen nicht wir selbst Regie. Die Vorgaben kommen von außen. Das gerade maßgebliche Schönheitsideal, aktuelle Modetrends, angesagte Freizeitaktivitäten und Ausgeh-Locations, all das prägt unser Verhalten. Auch die gesellschaftlich erwarteten Rollenbilder haben einen großen Einfluss. Es ist noch nicht lange her, da galt eine Mutter, die neben ihrem Dasein für die Familie arbeiten wollte, als Rabenmutter. Heute ist es fast verpönt, wenn sich ein junges Paar für die klassische Rollenaufteilung entscheidet. Es wird erwartet, dass sie Beruf und Familie »unter einen Hut« bekommen. An die Stelle eines alten Rollendiktats ist ein anderes getreten. Wirkliche Freiheit in der Wahl der Lebenskonzepte ist nicht entstanden.

Damit aber nicht genug. In der Freizeit verbringen viele Menschen ihre Zeit mit Ablenkungen und Aktivitäten, die nicht ihren eigenen Wünschen entsprechen. Oft aus Verpflichtung und dem Wunsch nach Zugehörigkeit. Manchmal aber auch, um von eigenen Krisen abzulenken und sich nicht mit sich selbst auseinandersetzen zu müssen.

Das Äußere, die gesellschaftlichen Maßstäbe, Erwartungen, Idealbilder aus der Werbung und den Medien, unsere Prägungen aus der Erziehung – all das ist über die Maßen richtungsweisend für unser Verhalten, Denken und Fühlen geworden. Viel zu sehr machen wir unser Glück damit abhängig von Dingen, Erfolg, Status und von außen geprägten Idealvorstellungen. Das alles ist flüchtig und führt uns von uns selbst weg.

Wir sind allzu oft überall, aber nicht bei uns selbst! Wir sind uns unserer selbst nicht mehr bewusst! Besser, wir investieren unsere Energie in schöne Erlebnisse, frei von Erfolgs- und Optimierungsdruck. Dabei geht es um das, was uns am Herzen liegt, unsere Leidenschaften und das, was unseren Wesenskern ausmacht.

Ängste und Skurrilitäten

Auch Ängste treiben uns. Angst vor Ablehnung, Angst vor Unsicherheit, Angst, nicht dazuzugehören, Angst vor Einsamkeit, Angst, nicht geliebt zu werden, Angst, nicht gut zu sein, Angst, die Kontrolle zu verlieren … Verzweifelt versuchen wir den Erwartungen von außen gerecht zu werden, um uns diesen Ängsten nicht stellen zu müssen. Denn dann müssten wir uns ganz auf uns selbst besinnen. Das kann anstrengend und schmerzhaft sein. Auch davor haben viele Angst. Dabei lässt der Blick auf die Angst uns tief in unsere Seele schauen. Nicht alles, was da zu Tage tritt, ist leicht verdauliche Kost. Möglicherweise fügen wir uns deshalb lieber den Erwartungen und Ansprüchen von außen. Schließlich suggerieren sie uns Stärke, Strahlkraft und Erfolg. Das fühlt sich besser an als Schmerz und Anstrengung.

> *Wer sich selbst treu bleiben will,*
> *kann nicht immer anderen treu bleiben.*
>
> Christian Morgenstern

Es entstehen skurrile Verhaltensmuster. Viel Geld wird für Produkte und kosmetische oder sogar chirurgische Maßnahmen ausgegeben, um das Aussehen und den Körper zu korrigieren. Die Brustvergrößerung als Geschenk zum bestandenen Abitur, worüber in den Medien immer wieder berichtet wird, ist nur ein extremes und zugleich makabres Beispiel. Förderlich für ein gesundes Selbstbewusstsein ist das nicht!

Erste Altersanzeichen werden kaschiert, um mit 50 noch wie 30 auszusehen. Die ewige Jugend ist zum gesellschaftlichen Maßstab für Ansehen und Zugehörigkeit geworden. Mütter streben danach, nicht nur die besten Freundinnen ihrer Töchter zu sein, sondern auch so auszusehen. Das zeugt nicht von erwachsenem, reifem Selbstbewusstsein.

Freude über die Anzeichen des Alterns wäre eine andere Möglichkeit. Jede Falte, insbesondere die Lachfalten, sind sichtbares Ergebnis gelebten Lebens. Ebenso erzählen Schwangerschaftsstreifen und Narben Geschichten des Lebens. Jedes Speckpölsterchen zeugt von vergangenen hoffentlich genussvollen Momenten im Leben. All das macht einen Menschen aus. Selbstbewusst dazu zu stehen, ist ein guter Weg.

Überlegen Sie, was Sie alles verpassen, wenn Sie sich andauernd selbst beschränken, um einem Idealbild zu entsprechen. Ich esse beispielsweise äußerst gerne deftiges und damit auch kalorienhaltiges Essen. Mein Favorit ist Blutwurst in allen Zubereitungsvarianten und gerne auch schon zum Frühstück! Glücklicherweise habe ich einen »Pferdemagen« und vertrage es. Was würde ich mich am Ende meines Lebens ärgern, wenn ich mir die vielen Genüsse versagt hätte! Natürlich übertreibe ich es nicht und achte auf meine Figur. Das eine schließt das andere nicht aus. Ich jage aber nicht einem Idealbild nach, das ich sowieso nicht erreichen werde. Ich bin mir meiner Problemzonen bewusst und stehe dazu.

Unsere Kinder sollen einen Beruf wählen, der Sicherheit verspricht, gutes Einkommen ermöglicht und Chancen auf dem Arbeitsmarkt bietet, vielleicht auch Karrierechancen. Die Erwartungen an sie sind hoch, oft viel zu hoch. Der Sohn aus einer Akademikerfamilie hat es schwer, wenn er »einfach« Schreiner werden will, weil es seine Leidenschaft ist. Die Frage, welcher Beruf zu einem jungen Menschen passt, welche Leidenschaft ihn treibt und wo er sich mit all dem, was ihn ausmacht, am besten einbringen kann, wird selten gestellt. Oft ist der Leistungsdruck hoch, so hoch, dass es inzwischen an fast allen Universitäten Burnout-Beratungsstellen gibt! Wie schön ist es, wenn stattdessen Kinder sich selbst finden und ihren Weg gehen können, so wie er zu ihnen passt. Das stärkt ihr Selbstbewusstsein.

In Beziehungen sind die gegenseitigen Erwartungen hoch. Das bringt gegenseitigen Druck. Aus Angst, den anderen zu verlieren, sind viele Menschen zu Kompromissen bereit, die ihnen vielleicht gar nicht guttun. Auch in längst nicht mehr guten Beziehungen auszuharren, nur um den sozialen Status nicht zu verlieren, um nicht allein sein zu müssen oder um das gesellschaftliche Ansehen nicht zu gefährden, führt weg von uns selbst.

Natürlich braucht Freundschaft und Partnerschaft Rücksichtnahme aufeinander. Natürlich sind wir verantwortlich und selbstverständlich bauen gute Beziehungen auf Vertrauen, Verlässlichkeit und Kompromissfähigkeit. Dennoch sind es zwei Individuen, die eine Beziehung gestalten. Jeder sollte bewusst auf sich und das, was er braucht, achten.

Es wird viel Geld ausgegeben für unendlich viele Dinge, die letztlich nicht wirklich wichtig sind. Sie machen uns meist unbemerkt zu Sklaven der inzwischen sehr belastenden Arbeitswelt. Um all das, was wir glauben zu brauchen, beizubehalten, um aufwändige Urlaube und teure Freizeitaktivitäten finanzieren zu können, verharren wir in Aufgaben und Jobs, die uns vielleicht schon lange nicht mehr guttun. Besitzen zu wollen, ist wichtiger geworden als ganz bewusst bei sich selbst zu sein. Dabei bringt weniger häufig tatsächlich mehr – mehr Genuss, mehr Lebensqualität, mehr Bewusstsein von sich selbst.

Auf dünnem Eis

Das Haus, das wir da bauen, ist nicht besonders stabil. Was passiert, wenn der Job gekündigt wird, wenn die Beziehung zerbricht, wenn eine ernste Erkrankung uns aus der geplanten Lebensbahn wirft? Die Eisfläche, auf der wir uns mit den vermeintlichen Sicherheiten, Klarheiten und Äußerlichkeiten bewegen, ist sehr dünn und rissig. Bricht sie, zerbricht oft auch die seelische Gesundheit. Und gerade in diesem Schmerz gelingt es vielen Menschen nicht, sich ihrer selbst bewusst zu werden. Sie fühlen manchmal gar nichts mehr und verlieren die Verbindung zu sich selbst. Das kann die Basis sein für eine gefährliche Depression. Dann ist professionelle Begleitung unerlässlich.

Sicheren Halt gibt es nur aus uns selbst und aus all dem, was uns ausmacht – jenseits von Äußerem. Sind wir uns wirklich unserer selbst bewusst, dann wissen wir, dass wir alles im Leben schaffen können.

Das setzt voraus, dass wir bereit sind, uns mit absoluter Aufmerksamkeit objektiv selber zu beobachten.

Es bedeutet, hinzuschauen, was wertfrei betrachtet im Moment ist, was dies in uns auslöst, wie wir darauf reagieren können und wofür wir uns bewusst entscheiden wollen. Auch gegen vermeintliche äußere Erfordernisse.

Hinschauen, was uns ausmacht, und wie wir für all das gut sorgen können.

Auch Hinschauen, wovor wir Angst haben, was schmerzvoll für uns ist, und es ganz einfach auch einmal aushalten.

Am Ende gehört auch dazu, erwartungslos und selbstbewusst sein zu lassen, was gerade ist, wie es ist. *»So isses jetzt!«* ist einer meiner hilfreichen inneren Sprüche, wenn ich merke, dass ich vergeblich an mir oder anderen »rumschraube«, um vermutete Erwartungen zu erfüllen oder erfüllt zu bekommen. Diese Einstellung bringt mich zurück zu mir selbst und hilft mir, mich wieder mir selbst und meiner momentanen Grenzen und Möglichkeiten bewusst zu werden.

Die zentrale Frage

Bei all dem spielt sich unser innerer Feind, der sich auch im ersten Kapitel zu unserem Selbstwert bereits geäußert hat, sehr dominant in den Vordergrund. Nichts ist ihm gut genug. Immer wieder rügt er uns, wenn wir den äußeren Ansprüchen nicht gerecht werden. *»Das kannst du doch nicht machen! Was soll denn … denken?«*, *»Du bist verantwortlich dafür. Es gibt nun mal Spielregeln. An die muss sich jeder halten, auch du!«*, *»Du kannst doch nicht einfach machen, was du willst!«*

Gebieten Sie ihm Einhalt, besänftigen Sie ihn im inneren Dialog, sprechen Sie freundlich mit ihm: *»Jetzt hör auf, mich anzutreiben. Lass mich jetzt einfach sein, wie ich bin! Es ist mir völlig egal, wie du darüber denkst. Ich bin ich und du bist jetzt damit zufrieden. Auch wenn du gerade anderes von mir erwartest!«*

Ich kann mich an viele Situationen in meinem Leben erinnern, in denen ich nicht vor Selbstbewusstsein gestrotzt habe. Meist waren all meine Gedanken und Erwartungen dann im Außen anstatt bei mir selbst. Ab und an suche ich mir professionelle Unterstützung. Auch der Profi braucht eben einmal einen Profi. Eine einzige Frage meines Coaches hilft mir meist, mir wieder meiner selbst bewusst zu werden: *»Und was brauchen Sie jetzt?«* Schlagartig wird mir klar, dass ich meinen Fokus wieder einmal nur nach außen und auf das, was ich meine, was von mir erwartet wird, gerichtet habe. Meine Gedanken sind bei dem, was ich vermute, wie ich mich verhalten müsste, um zu erreichen, was vermeintlich wichtig für mich ist. Mein innerer Feind schwingt dann die Peitsche und treibt mich.

Allein diese eine Frage meines Coaches reicht, damit ich meinen inneren Feind in die Schranken weisen kann. Ich richte meine Aufmerksamkeit nach innen: Was brauche ich gerade selbst? Wer bin ich, wenn ich alles, was mich gerade Energie kostet und wovon ich glaube, es in einer erwünschten Weise tun zu müssen, sein lasse? Das ist der Beginn, mir selbst wieder bewusst zu werden und mutig neue Verhaltensweisen auszuprobieren.

Selbstbewusst in Freiheit

Auch ich musste und muss mir natürlich hin und wieder meine Ängste anschauen. Da gab es die Angst vor dem Alleinsein, die Angst vor Enttäuschung, die Angst, nicht gut genug zu sein, die Angst vor existenzieller Unsicherheit, die Angst, Freunde zu verlieren, die Angst, einen geliebten Menschen zu verlieren …

Diesen Ängsten klar »ins Gesicht zu schauen« hilft, ihnen ihre Kraft zu nehmen. Der innere Feind hat dann keine Chance mehr. Denn letztlich sind diese Ängste nur Gedanken, nicht mehr. Einen Beweis für ihre Wahrheit gibt es meist nicht. Ich kann mich auch für andere Gedanken entscheiden. Damit bin ich wieder authentisch, energievoll und lebendig. Ich bin mir meiner selbst wieder bewusst. Und dann weiß ich auf einmal, dass ich ein gutes soziales Netz habe und nicht einsam sein werde, dass ich nicht alles perfekt machen muss und gut tatsächlich gut genug ist, dass Menschen in mein Leben kommen und manche davon auch wieder gehen dürfen, dass ich nicht allen Menschen gefallen kann und es nicht allen recht machen muss, dass ich anders sein und handeln darf, als von mir erwartet wird, dass ich viel kann und mir das die Sicherheit gibt, die ich für mein Leben benötige.

Sich seiner selbst im wörtlichen Sinn bewusst zu sein, macht frei und unabhängig von all den Erwartungen an uns, wie wir sein sollten, um »richtig« und »gut« zu sein. Frei von dem Zwang, in einer bestimmten Weise gesehen werden zu wollen. Einfach Mensch sein. Ganz so, wie wir uns gerade fühlen, wie wir uns gerade gerne geben wollen und wie wir uns selbst nah und unserer bewusst sind. Und unabhängig davon, was die Menschen um uns herum dazu meinen. Das nimmt dem Äußeren seine Macht. So können wir selbstbewusst sein, frei sein von vorgegebenen Prinzipien und Erwartungen von außen. Wir haben Selbstbewusstsein ganz aus uns selbst heraus.

Es gibt viele Zwischentöne, unendlich viele Möglichkeiten und selbst gewählte Formen, Leben und Arbeit zu gestalten. Nehmen Sie sich selbstbewusst die Freiheit dazu.

Mithilfe unseres inneren Detektivs

Objektive Selbstbeobachtung und Reflexion unserer Erfahrungen führen zu Selbstbewusstsein in dem beschriebenen Sinn. Dabei ist ein zweiter innerer Mitspieler hilfreich, der inneren Beobachter. Er gleicht einem Detektiv, der unsere verborgenen und uns nicht bewussten Seiten ausspäht.

Die aus dem Wasser ragende und sichtbare Spitze eines Eisbergs macht nur ungefähr 20 Prozent des gesamten Eisberges aus. Der Rest liegt nicht sichtbar unter Wasser. So ist es auch mit uns. Der größte Teil unseres Wesens, unserer Persönlichkeit ist uns nicht bewusst. Je tiefer wir abtauchen in diese zunächst nicht bewusste Ebene, desto selbstbewusster werden wir. Der innere Detektiv kann uns dabei helfen. Er arbeitet verdeckt und erkundet verborgene Schätze; er guckt sehr genau hin, was ich da alles im Verborgenen habe. So wie ich meinem inneren Feind einen Namen gegeben habe, »Schätzelein«, damit ich gut mit ihm in Kontakt treten kann, erhält auch mein innerer Beobachter einen Namen: »Sherlock«.

»Sherlock« stellt mir viele Fragen. Fragen, die Sie sich auch stellen können, wenn Sie sich wieder Ihrer selbst bewusst werden wollen. Die Fragen helfen Ihnen, den tiefer liegenden Teil Ihrer Persönlichkeit zu erkunden. Eine wesentliche ist diese:

Wann haben Sie sich das letzte Mal durch und durch lebendig und bei sich selbst gefühlt? Wobei war das, und was haben Sie getan?

Fällt es Ihnen leicht, darauf Antworten zu finden? Ist Ihnen das Gefühl absoluter Lebendigkeit noch gegenwärtig? Das wäre schön – denn in solchen Momenten sind Sie authentisch und erleben sich selbst ganz bewusst.

Nehmen Sie sich immer wieder Zeit, sich an diese Momente der eigenen Lebendigkeit zu erinnern. Vielleicht war es der Moment mit den vielen bunten Schmetterlingen im Bauch am Beginn einer neuen Liebe, vielleicht beim Tangotanzen an einem lauen Sommerabend in erotisch knisternder Atmosphäre, bei einer Begegnung mit einem fremden Menschen, das Gefühl, in einem auffälligen Outfit die Augen der anderen auf sich zu ziehen, beim Fallschirmsprung oder bei ähnlich gewagten Aktivitäten, bei gutem Sex, in einem Moment großer Nähe zu einem anderen Menschen, beim mutigen Aussprechen von Kritik, nach einem erfolgreichen Gespräch zur Beilegung eines Konfliktes, nach der erfolgreichen Lösung eines schwierigen Problems, im Gefühl von persönlichem Wachstum nach der Bewältigung einer schweren Krise, im Gefühl von Stolz, alleine eine ungewöhnliche Reise gemacht zu haben, in einem Moment voller Stolz auf Ihre Kinder, vielleicht auch ganz einfach in einem der vielen kurzen Glücksmomente im Leben, vielleicht in einem Moment ganz besonders großer und intensiver Ruhe.

Momente der Lebendigkeit

Jeder erlebt andere Momente der Lebendigkeit. Es gibt eine unendliche Vielfalt solcher Momente. Sicher fallen Ihnen sehr viele ein, wenn Sie Ihre Aufmerksamkeit darauf richten. Genießen Sie nicht nur die Erinnerung daran: Lassen Sie Ihr Leben in allen Facetten der Lebendigkeit zu. Das Leben findet jetzt statt!

Tragen Sie alles zusammen, egal ob klitzekleine Momente oder große Ereignisse. Halten Sie alles fest, damit es nicht wieder in Vergessenheit gerät. Bestimmt sind wiederholungswerte Anlässe dabei. Tun Sie es einfach wieder! Und zwar ganz egal, wie verrückt es sein mag. Die gewonnene Energie und Stärke werden Sie mitnehmen in Ihren Alltag mit allen Höhen und Tiefen, die Sie nun einmal immer wieder bewältigen müssen. Füllen Sie Ihr Leben mit Aktivitäten, Stimmungen, Erlebnissen, die Sie zu sich selbst und Ihrer Lebendigkeit führen. Erleben Sie sich ganz bewusst positiv und lebendig. Das sind dann Sie selbst aus Ihrem ganzen Wesen heraus.

Machen Sie auch einmal etwas ganz Neues. Etwas, das Sie noch nie vorher gemacht haben. Verabreden Sie sich dafür nur mit sich selbst. Nehmen Sie sich etwas vor, das Sie begeistert und inspiriert. Nehmen Sie niemanden mit. Dann können Sie sich und Ihre Empfindungen voll und ganz spüren. Sie lernen, sich wieder wohl mit sich selbst zu fühlen. Und Sie erfahren sich neu und anders. Dabei schärfen und erweitern Sie die vielen Facetten Ihrer selbst. Das schärft Ihr Bewusstsein für sich selbst und stärkt Sie. Eine solche Verabredung mit sich selbst können Sie sich vielleicht jede Woche gönnen.

Fahren Sie beispielsweise an einen Ort, den Sie noch nicht kennen. Besuchen Sie ein Museum oder eine Galerie. Setzen Sie sich in ein Straßencafé und reden Sie mit einem fremden Menschen. Stöbern Sie in einer Buchhandlung, in einem Laden für Künstlerbedarf, in einem Spielwarenladen, in einem Gewürzhandel … Gehen Sie über einen Markt und nehmen mit allen Sinnen die Vielfalt wahr. Nehmen Sie an einer Führung durch Ihre Stadt teil. Fahren Sie mit dem Bus und steigen Sie irgendwo aus, wo Sie noch nicht waren, und erkunden Sie von da aus die Gegend. Laden Sie sich selbst in ein schönes Restaurant ein. Kochen Sie sich etwas Leckeres. Gehen Sie tanzen. Gönnen Sie sich eine außergewöhnliche Massage, vielleicht eine Tantra-Massage. Verreisen Sie für ein paar Tage ...

Je häufiger Sie sich auf Erlebnisse voller Inspiration und Lebendigkeit einlassen, desto leichter werden Sie sich auch in Situationen, in denen der innere Feind Sie in die Arena der Erwartungen treiben will, bewusst dagegen entscheiden können.

Die Erkenntnisse von »Sherlock« helfen. »Sherlock« klärt am Ende ja sowieso alle Fragen auf. Das wissen wir aus den Filmen. Sein Selbstbewusstsein geht auch auf Sie über. Versuchen Sie es. Lassen Sie »Sherlock« herausfinden, was alles in Ihnen steckt. Lassen Sie ihn experimentieren und folgen Sie ihm vertrauensvoll. Erfahren Sie sich selbst mit ihm. Entwickeln Sie gemeinsam mit ihm Selbstbewusstsein.

Lassen Sie »Sherlock« auch beobachten, in welchen Situationen Sie sich Ihrer selbst nicht bewusst sind und warum. Tragen Sie die vielen Entscheidungen, Beschäftigungen und Ereignisse zusammen, bei denen Sie eher fremdbestimmt handeln. Also all das, was Sie tun, weil sie glauben, andere Menschen erwarten es von Ihnen, oder weil »man« es eben so macht, Ihr schlechtes Gewissen Sie dazu verleitet, Sie niemanden kränken oder »vor den Kopf stoßen« wollen, sich dazu überreden lassen, Sie nicht Nein sagen können oder weil Sie sich von irgendeinem Trend leiten lassen. Alles, wo Ihr innerer Feind die Oberhand hat.

Schauen Sie sich diese Situationen gut an. Ist es wirklich so? Sind es letztlich nicht nur Ihre Gedanken? Was könnte stattdessen sein? Woran würden Sie merken, dass Sie selbstbewusst handeln? Woran würden andere Menschen das merken? Wie fühlen Sie sich dabei?

Damit Sie sich besser vorstellen können, wie Sie es konkret machen können, jetzt ein paar praktische Vorschläge für selbstbewusstes Handeln: Wie wäre es, wenn Sie, vielleicht nicht immer, aber immer öfter, einfach täten, was Sie im jeweiligen Moment für gut und richtig halten? Wie wäre es, wenn Sie beispielsweise beim nächsten Kindergarten-Sommerfest nicht wieder sofort zusagten, Kartoffelsalat mitzubringen und Standdienst zu übernehmen, obwohl Sie gar nicht wollen? Wie wäre es, wenn Sie einmal nicht, wie sonst jedes Wochenende, mit der Schwiegermutter zu Mittag äßen, sondern spontan einen schönen Ausflug machten? Wie wäre es, wenn Sie Ihrem Chef sagten, dass Sie die Arbeit der langfristig erkrankten Kollegin nicht übernehmen können, ohne anderes wegzulassen und von ihm klare Aussagen zu den Prioritäten der Aufgaben brauchen? Wie wäre es, wenn Sie der nervigen Nachbarin, die sich andauernd in Ihre Gartengestaltung einmischt, einmal klar ihre Grenzen aufzeigten? Wie wäre es, wenn Sie Ihren Kindern sagten, dass Sie zwar gerne auf die Enkelkinder aufpassen, aber nicht als Dauer-Tages-Oma zur Verfügung stehen, weil Sie auch Ihren eigenen Interessen nachgehen wollen? Wir wäre es, wenn Sie Ihrem Liebsten sagten, dass Sie nicht alle seine Freunde mögen und nicht immer und zu jeder Verabredung mitgehen möchten?

Malen Sie sich Ihre Wünsche in den schönsten Farben aus und dann: Trauen Sie sich! Seien Sie selbstbewusst!

Die Frage der ewigen Wiederholung

Meinen Klienten stelle ich, wenn es darum geht, sich ihrer selbst wieder bewusst zu werden, diese Frage: »Was würden Sie jetzt tun, wie würden Sie sich verhalten, für was würden Sie sich entscheiden, wenn Sie wüssten, dass Sie das immer und immer wieder machen müssten, ohne eine Chance auf Korrektur oder Veränderung? Was wäre unter dieser Annahme das Richtige und Wichtige für Sie? Was wäre es, wozu Sie mit ganzem Herzen und auch irgendwann im Rückblick Ja sagen können?«

Anders als bei der Frage »Was würden Sie tun, wenn Sie wüssten, dass Sie nur noch kurze Zeit zu leben hätten?« geht es hier nicht darum, sich bisher Versäumtes klarzumachen. Die Frage, was Sie tun würden, wenn Sie es andauernd bis ans noch nicht vorhersehbare Ende tun müssten, nimmt die Folgen Ihres Tuns in den Fokus. Die Tragweite dieser Entscheidung ist völlig anders. Hier geht es darum, das zu tun, was für Sie jetzt und aller Voraussicht nach auch beim letzten Atemzug noch gut und richtig ist. Um das herauszufinden, müssen Sie sich mit sich selbst auseinandersetzen und sich Ihrer selbst bewusst werden. Und zwar ganz unabhängig davon, was die Umwelt von Ihnen erwartet.

Gehen Sie immer wieder auf die Reise zu sich selbst. Werden Sie mutig und entscheiden Sie sich für das, was Sie brauchen. Lösen Sie sich aus äußeren Zwängen. Es wird Ihnen guttun!

ᙯᙢ Fallbeispiel: Eine Lebenskrise

Ein Mann mittleren Alters kam zu mir zum Coaching. Er war 39 Jahre alt, arbeitete bei einer Bank und zählte dort zu den Nachwuchsführungskräften, die in Richtung höhere Managementebenen gefördert wurden. Bisher lief alles nach Plan, und er schien eine Bilderbuchkarriere vor sich zu haben.

Seit ein paar Monaten war für ihn allerdings alles anders. Als sich seine Frau von ihm getrennt hatte, war er in ein tiefes Loch gefallen. Er schlief schlecht, konnte sich nicht mehr konzentrieren, machte Fehler und wurde immer unruhiger und unsicherer. Vor ein paar Wochen war er aus dem gemeinsamen Haus ausgezogen und jetzt lebte er erstmalig in seinem Leben alleine. Er taumelte von einer depressiven Phase in die nächste und lenkte sich mit flüchtigen Affären, extremen sportlichen Aktivitäten und immer häufiger auch mit Alkohol ab.

Sein Selbstbewusstsein schrumpfte mehr und mehr und er bekam auch im Beruf zunehmend Probleme. Im Verlauf des Coachings stellte sich heraus, dass er in seinem Leben bisher immer Menschen um sich gehabt hatte, die ihm Richtungen, Ziele und Erwartungen vorgegeben hatten. Seine Eltern hatten ihn behütet und ihm immer alle Entscheidungen abgenommen. Seine spätere Frau hatte ihn angetrieben, Karriere zu machen und ihm den Rücken dafür freigehalten.

Seine Freunde hatten ihn zu Extremsportarten animiert und mit ihm gemeinsam für extreme Wettbewerbe trainiert.

Nach der Trennung verschlechterte sich das Verhältnis zu seinen Eltern. In ihren Moralvorstellungen war nicht vorgesehen, dass eine Ehe scheiterte. Sie reagierten darauf mit Ablehnung ihm gegenüber. Seine Frau war als Stütze und Antrieb nicht mehr da. Seine Freunde entpuppten sich nicht als wahre Freunde. Mit abfallender Leistungsfähigkeit durch seine Krisensituation stempelten sie ihn zum Versager und ließen ihn fallen.

Erstmalig in seinem Leben war mein Klient ganz auf sich selbst gestellt, ausgerechnet in dieser extremen persönlichen Krise. Da sein Leben bisher quasi per Autopilot nach den Vorgaben anderer gelaufen war, wusste er überhaupt nicht, was er konnte, wer er wirklich war und was ihn ausmachte.

Ich fing an, mit ihm an seiner Lebenslinie zu arbeiten. Wir legten ein langes Seil von einem Ende des Coaching-Raums bis zum anderen. Dieses Seil stellte symbolisch seine bisherige Lebenszeit da. Nun forderte ich meinen Klienten auf, sich an mehrere besonders erfolgreiche Ereignisse, aber auch an Krisen, Niederlagen, Umbrüche etc. in seinem Leben zu erinnern. Es ging um Situationen, die erfolgreich bewältigt und abgeschlossen waren.

Wir verorteten diese Ereignisse auf dem dazu passenden Zeitpunkt auf der Lebenslinie, legten jeweils eine Moderationskarte daneben auf den Boden und beschrifteten sie mit einem vom Klienten ausgewählten Begriff für die Situation.

Nun bat ich ihn, sich der Reihe nach auf diese Karten zu stellen und sich noch einmal intensiv in die jeweilige Situation hineinzufinden. Wie fühlte sich die Situation an? Was war passiert? Wer war beteiligt?

Durch meine Fragen begleitete ich den Klienten dahin, sehr konkret herauszuarbeiten, was sein eigener Anteil daran war, dass die Situationen erfolgreich abgeschlossen oder gut bewältigt waren. Welche Fähigkeiten hatte er gezeigt? Welche Einstellungen waren hilfreich gewesen? Was hat er getan, um trotz hoher Belastung gesund zu bleiben? Wer waren seine Unterstützer gewesen? – Ich stellte sehr viele Fragen zu jeder der Situationen und brachte ihn dazu, sich seiner selbst und seiner Ressourcen bewusst zu werden. Ich ließ nicht locker, auch wenn er fündig geworden war, und fragte weiter: *»Und was noch? Und wie sonst?«*

Alle gefundenen Aspekte hielten wir auf Moderationskarten fest und legten sie rund um die jeweilige Situationskarte, auf der mein Klient stand. Auf diese Weise entstanden zahlreiche Kraft- und Kompetenzkarten. Für ihn wurde sichtbar, auf wie viel er stolz sein konnte. Das alles hatte er auch jetzt in seiner Krisensituation zur Verfügung. Das verlernt man ebenso wenig, wie man Fahrradfahren verlernt. Nur ist uns dies selten bewusst und deshalb nicht verfügbar, wenn wir es benötigen.

Je mehr mein Klient spürte und erlebte, was ihn alles ausmachte, um so kraftvoller und selbstbewusster wurde er. Sein Zutrauen in seine Bewältigungsfähigkeiten wuchs von Sitzung zu Sitzung. Und am Ende konnte er auch seine jetzige Krise aus eigenen Kräften und selbstbewusst bewältigen und gut abschließen.

Fragen, die Sie sich stellen können

- Wann und wobei fühle ich mich durch und durch lebendig?
- Wann und in welchen Momenten war ich mutig und wusste genau, was ich tun wollte?
- Wann und wobei erfülle ich die Erwartungen anderer, ohne dass ich es wirklich will und für richtig halte? Welche Gefühle löst das in mir aus?
- Was wären stattdessen *meine* Erwartungen und wie fühle ich mich bei dem Gedanken daran, sie zu erfüllen?
- Wieviel Zustimmung von anderen brauche ich, um zu tun, was mir wichtig ist?

- Wer bin ich wirklich jenseits meiner Rollen, Masken, Verhaltensmuster?
- Was würde ich jetzt tun, wie würde ich mich verhalten, wofür würde ich mich entscheiden, wenn ich wüsste, dass ich das immer und immer wieder machen müsste, ohne eine Chance auf Korrektur oder Veränderung? Was wäre unter dieser Annahme das Richtige und Wichtige für mich, das, wozu ich von ganzem Herzen Ja sagen kann?

∠ Anregung zur Selbstreflexion
Schreibmeditation am Morgen

Sich seiner selbst bewusst werden, heißt auch, sich die bisher unbewussten Gedanken, Impulse, Themen und Aspekte seiner selbst anzusehen.

So wie der Eisberg seinen größten Teil unsichtbar unter Wasser hat, so sind uns auch wesentliche Teile unserer Persönlichkeit und der uns aktuell tatsächlich berührenden Themen nicht bewusst. Die größte Verbindung zu diesen unbewussten Anteilen besteht morgens unmittelbar nach dem Aufwachen. Deshalb erinnern wir uns dann meist auch gut an Träume. Eine halbe Stunde später sind sie uns oft schon nicht mehr bewusst.

Legen Sie sich schon abends ein kleines Notizheft und einen Stift so neben das Bett, dass Sie morgens, ohne aufstehen zu müssen, direkt Zugriff darauf haben. Schreiben Sie direkt nach dem Aufwachen fünfzehn Minuten lang Ihre dann aufkommenden Gedanken darin auf. Legen Sie danach das Notizheft weg und schauen Sie nicht mehr hinein.

Es kommt nicht auf literarische Qualität, Struktur oder Lesbarkeit an. Niemand außer Ihnen wird jemals diese Zeilen lesen. Es braucht auch keinen logischen Aufbau oder gar einen Spannungsbogen. Schreiben Sie einfach völlig unstrukturiert, wertfrei und unzensiert auf, was Ihnen durch den Kopf geht. Beobachten Sie sich und Ihre aufkommenden Gedanken. Nehmen Sie sie, ohne sie zu bewerten einfach so, wie sie kommen. Halten Sie sie fest, indem Sie sie aufschreiben, und zwar genau so, wie sie Ihnen gerade im Moment durch den Kopf schießen.

Diese Übung mag Ihnen seltsam vorkommen. Versuchen Sie dennoch, wenigstens drei Wochen durchzuhalten. Am Ende werden Sie, wenn Sie dann noch einmal alle Aufzeichnungen lesen, einen roten Faden feststellen. Entlang dieses Fadens werden Sie die Themen erkennen, die gerade von Bedeutung in Ihrem Leben sind und um die Sie sich kümmern sollten. Die Aufzeichnungen führen Sie näher zu sich selbst. Sie lernen sich selbst und Ihre Themen besser kennen.

Zu keiner Zeit des Tages sind Sie sich und den bisher unbewussten Anteilen näher als früh morgens. Nutzen Sie diese Zeit, um sich Ihrer selbst in allen Ihren Anteilen bewusst zu werden. Es lohnt sich, auch wenn es mühsam erscheint. Sie gewinnen Klarheit und – im wörtlichen Sinn verstanden – Selbstbewusstsein.

●■● Übung: Der andere Lebenslauf
Selbstbewusste Menschen wissen um ihre Stärken, Eigenarten, Eigenschaften, Haltungen, Talente, Kompetenzen und Fähigkeiten und sind überzeugt davon. Dahinter steht die Einstellung: Ich kann etwas Besonderes, und ich bin stolz darauf. Und zwar nicht nur auf die üblichen Erfolge und Ergebnisse. Sie erkennen gerade in der Bewältigung des Erlebten sowie emotionaler Höhen und Tiefen des Lebens ihre ganz besonderen Kompetenzen, das, was sie wirklich ausmacht.

Die andere Betrachtung des Lebenslaufes ist hilfreich, um sich seiner selbst und der eigenen Besonderheiten bewusst zu werden. Nehmen Sie sich etwas Zeit für die Biografiearbeit in 7-Jahres-Schritten.

Lassen Sie Ihr Leben vor Ihrem inneren Auge Revue passieren. Was waren die besonderen Erlebnisse, Begebenheiten und Beziehungen, die eine bleibende Spur hinterlassen und die Sie geprägt haben?

Es geht hier ganz besonders um das Erlebte und weniger um das Erreichte in Ihrem Leben. Betrachten Sie Ihr Leben rückblickend in 7-Jahres-Schritten. Notieren Sie sich zu jeder Lebensphase einige charakteristische Begebenheiten, die von besonderer emotionaler Qualität für Sie waren, positiv wie negativ.

Was war in jedem der 7-Jahres-Schritte Ihr zentrales Entwicklungs- und Reifungsthema? Welche besonderen Herausforderungen, Ereignisse, Höhen und Tiefen waren jeweils prägend? Welche schwierigen Aufgaben haben Sie erfolgreich bewältigt? Welche Krisen haben Sie durchlaufen und bewältigt? Welche Erfolge hatten Sie? Welche zwischenmenschlichen Ereignisse und Erlebnisse waren von besonderer Bedeutung? Was war besonders schön, was nicht? Woran erinnern Sie sich ganz besonders gerne, woran nicht?

Sammeln Sie pro Phase die zentralen Aspekte. Es können auch Kleinigkeiten sein. Entscheidend ist, dass alles für Sie eine besondere und in dieser Phase kennzeichnende Qualität hat. Versuchen Sie sich so genau wie möglich an diese Situationen zu erinnern.

Stellen Sie sich dann für jede Phase einige der folgenden Fragen. Sie werden entdecken, was Sie ausmacht, wie Sie denken, handeln und fühlen, worauf Sie stolz sind, was Ihnen wichtig ist. Werden Sie sich auf diese Weise tief darüber bewusst, wer Sie sind, was Sie haben und was Sie können.

- Welche Fähigkeiten habe *ich* eingesetzt oder aufgebaut?
- Worauf war ich stolz?
- Was war mir ganz besonders wichtig?
- Welche Menschen waren mir wichtig?
- Was waren meine Kraftquellen?
- Welche Ziele hatte ich? Wovon war ich angetrieben?
- Was waren meine Leidenschaften?
- Welche inneren Einstellungen waren hilfreich?
- Was habe ich aus den Situationen gelernt, welche Erfahrungen habe ich gewonnen?
- Was hat mich weitergebracht?

- Was waren meine zentralen Themen? Was war »mein Ding«?
- Wie hat sich meine Persönlichkeit verändert und entwickelt?

Halten Sie Ihre Erkenntnisse fest. Sie können auch eine kleine Grafik der Berg- und Talfahrt Ihres Lebens, eine Mindmap oder ein Bild erstellen. Ganz, wie es Ihnen am besten hilft, sich Ihrer selbst bewusst zu werden.

Betrachten Sie immer wieder einmal Lebenssituationen aus diesem Blickwinkel und halten Sie fest, was Sie dabei über sich selbst erfahren. Das stärkt Ihr Selbstbewusstsein.

▣—▣ Übung: Sichere Körperhaltung

Selbstbewusstsein zeigt sich durch eine aufrechte und offene Körperhaltung, direkten und freundlichen Blickkontakt und eine ruhige und gelassene Ausstrahlung ohne hektische Bewegungen und nervöse Ticks. Das können Sie üben.

Nehmen Sie mehrmals täglich eine selbstbewusste und sichere Körperhaltung ein. Fangen Sie in einfachen Situationen damit an. Nehmen Sie dann, wenn es um nichts geht, eine Power-Haltung ein. Treten Sie beispielsweise gleich morgens vor dem Spiegel sich selbst stark, freundlich, offen und entspannt gegenüber. Richten Sie sich gerade auf, blicken Sie sich in die Augen und lächeln Sie sich freundlich an. Sie werden merken, dass Sie in einer solchen Körperhaltung nicht nur selbstbewusster wirken, sondern sich tatsächlich auch selbstbewusster und sicherer fühlen. Wenn Sie das in unverfänglichen Situationen üben und es gut klappt, können Sie sich auch an schwierige Situationen wagen. Nehmen Sie beispielsweise vor einem wichtigen Gespräch mit Ihrem Chef bewusst diese selbstbewusste Haltung ein. Tun Sie es unmittelbar bevor Sie den Raum betreten. Sie werden sehen, es fällt Ihnen leicht, Ihre Argumente überzeugend zu vertreten. Probieren Sie es einfach aus!

👀 Die Weltenbummlerin

Eine Geschichte zur Bedeutung von Selbstbewusstsein

Neulich hörte ich eine ungewöhnliche Geschichte über eine
64-jährigen Frau.

Die Frau war seit zwei Jahren verwitwet und suchte nach Wegen,
wie sie ihre neue Lebensphase gestalten könnte. Schon als junge
Frau hatte sie immer wieder den Wunsch gehabt zu reisen und die
Welt zu erkunden. Heirat, Familiengründung und die Hindernisse
des Alltags hatten dazu geführt, dass es immer nur ein Traum
geblieben war.

Um den Tod ihres Mannes zu verarbeiten, nahm die Frau nun an
einer Reise für Trauernde teil. Sie fuhr mit Menschen, die ein ähnliches Schicksal hatten, unter Anleitung eines Trauerbegleiters für
zwei Wochen nach Griechenland. Dort führte sie viele Gespräche,
sammelte zahlreiche Eindrücke und machte erstmalig Erfahrungen
als Alleinreisende. Ihr war auf einmal bewusst, dass sie ihre neue
Situation als Chance begreifen wollte. Sie würde sich endlich ihren
Traum vom Reisen um die Welt erfüllen. Und so entschloss sie sich
nach einer Zeit der Vorbereitung, ihre Wohnung und ihr gesamtes
Hab und Gut zu verkaufen. Von dem Erlös kaufte sie sich ein kleines
Wohnmobil, um damit auf Weltreise zu gehen und sich ihren
Lebenstraum zu erfüllen.

Freunde, Familie und Nachbarn äußerten viele Zweifel, aber auch
Bewunderung. »Du kannst doch nicht alles aufgeben. Was ist, wenn
du zurückkommst? Dann hast du kein Zuhause mehr.« Oder: »Was
ist, wenn du unterwegs krank wirst? Denk dran, du bist keine zwanzig mehr!« Oder: »Deinen Mut hätte ich gerne. Ich würde mich so
etwas nie trauen.« Oder: »Wir beneiden dich. Wenn wir hier nicht
gebunden wären, würden wir glatt mitkommen!«

Die Frau ließ sich von den geäußerten Zweifeln nicht beirren. Sie war zutiefst überzeugt von ihrem Vorhaben. Alle Ängste, die auch sie selbst hatte, waren schwächer als ihr Zutrauen in ihre Kraft und Fähigkeit, es schaffen zu können. Sie hatte im Verlauf ihres Lebens schon so viele herausfordernde Situationen aus eigener Kraft gemeistert. Sie war sich sicher, auch die mit dieser abenteuerlichen Reise verbundenen Risiken und Herausforderungen bewältigen zu können. Sie wusste genau, was sie sich zutrauen konnte und wo ihre Grenzen waren. Und sie wusste, wenn sie jetzt einfach weitermachte wie bisher, wäre es irgendwann im Rückblick nicht in Ordnung und sie würde bereuen, die Reise nicht unternommen zu haben. Sie hätte versäumt, ihren Lebenstraum zu verwirklichen. Vor diesem Moment am Ende ihres Lebens hatte sie Angst. Mehr Angst als vor den Abenteuern und Risiken ihrer Reise.

Sie fuhr also los, ohne zu wissen, ob sie überhaupt jemals wieder zurückkommen würde. Ihre Neugier siegte. Sie war aufgeregt vor Vorfreude auf viele neue Erlebnisse, Eindrücke und Begegnungen mit fremden Menschen. Sie fühlte sich gleichzeitig so lebendig, wie schon lange nicht mehr und freute sich wie ein kleines Kind auf ihren neuen Lebensabschnitt. Ihr Selbstbewusstsein war Mutmacher und würde guter Wegbegleiter in schwierigen Situationen sein. Darauf konnte sie vertrauen. Möglicherweise wird sie bis zu ihrem Lebensende vagabundierende Weltreisende sein. Sie fühlte sich selbstbewusst und stark genug für dieses Abenteuer.

Und ich freue mich jetzt schon darauf, wieder von dieser Frau zu hören.

Kapitel 3
Selbstakzeptanz

Ecken, Kanten und Mittelmäßigkeit gehören dazu

Ich erinnere mich genau an eine Phase in meinem Leben, in der alles aus den Fugen geraten war. Meine Befindlichkeit glich einer Fahrt auf der Achterbahn. Ich war mir selbst fremd, unsicher und es fiel mir schwer, mich auch mit meinen unliebsamen Anteilen zu akzeptieren. Ich entwickelte einen heftigen Ablenkungsaktivismus, ein übersteigertes Mitteilungsbedürfnis und ich kreiste mit allen Gedanken nur noch um mich selbst. Für die Menschen in meinem Umfeld war ich nur noch anstrengend. Ich mochte mich selbst nicht mehr.

Die allwissende Freundin

Eine enge Freundin hat mich durch diese Zeit begleitet. Sie hatte stets ein offenes Ohr, war geduldig und brachte mich mit den richtigen Fragen weiter. Zu keinem Zeitpunkt stellte sie unsere Freundschaft in Frage, ganz egal wie lästig ich mit meinem andauernden Reden über alles war. Am guten Ende dieser Zeit gingen wir gemeinsam essen. Sie hatte ein kleines Geschenk für mich dabei und eine Karte mit wertvollen Worten. Es war eine sogenannte Spruchkarte und sie trug folgende Aufschrift:

»Eine Freundin ist jemand, die alles von dir weiß und dich trotzdem gerne hat.«

Das ist für mich die schönste Beschreibung dafür, dass wir mit allen Facetten, die zu uns gehören, auch den ungeliebten und manchmal anstrengenden, gut sind, so wie wir sind. Diese Karte hat seither einen festen und gut sichtbaren Platz in meiner Wohnung. Beim Blick darauf empfinde ich tiefe Dankbarkeit.

Gerade dann, wenn wir uns selbst nicht annehmen und akzeptieren können, ist es ein großes Glück, einen Menschen zu kennen – oder ihm zu begegnen –, der stärkend auf das angekratzte Selbst wirkt. Ein

Mensch, der wieder eine positive Beziehungserfahrung zu uns selbst ermöglicht. Ein Mensch, der einem hilft, sich selbst wieder besser zu verstehen. Jemand, der uns erlaubt, die eigenen Gefühle, so unangenehm und unerwünscht sie auch sein mögen, anzunehmen. Jemand, der uns nicht verurteilt, sondern hinterfragt und dadurch unsere persönliche Entwicklung fördert. Durch seine empathische und wertschätzende Würdigung gerade unserer unangenehmen Gefühle und unerwünschten Verhaltensweisen können wir lernen, uns so zu akzeptieren, wie wir sind. Mit allen Ecken und Kanten – egal wie unverständlich und anstrengend wir gerade sind. Im Spiegel des Anderen lernen wir, uns selbst wohlwollend zu begegnen, auch dann, wenn wir eigentlich gerne anders wären.

Gute und tragfähige Beziehungen sind die wohl beste (therapeutische) Maßnahme, wenn unser Selbst gerade nicht wie ein wertvoller Schatz glitzert und glänzt.

Der authentische Rüpel im Wald

Solche Beziehungen fallen nicht vom Himmel, wenn man sie braucht. Dafür ist es wichtig, sich verletzlich zeigen zu können. Wenn wir uns jemand anderem mit unseren innersten Themen öffnen, machen wir uns verletzlich. Und wir müssen wirklich authentisch sein. Das können nicht viele Menschen. Viel zu sehr jagen wir vermeintlichen Idealvorstellungen nach. Wir streben nach Glück immer und überall und wollen andauernd »gut drauf« sein und von allen gemocht werden. Wir wollen alles optimal managen, egal ob Zeit, Krisen, Konflikte, Kinder, Familie, Haushalt, unser Liebesleben, das Fitnessprogramm. Wir zeigen keine Schwächen und strotzen nur so vor Talenten.

Das Leben ist aber nicht perfekt und wir sind fehlbar, manchmal unglücklich, nicht makellos schön. Wir altern, trennen uns, sind überfordert, leiden, trauern, haben Angst. Und wir verhalten uns manchmal wie »der Rüpel im Wald«.

In einer Gesellschaft, die geprägt ist von Jugendwahn und Schönheitsidealen, von Perfektionismus, Profitmaximierung und von virtuellem

Miteinander, ist es schwer geworden, die eigenen Schattenseiten zu akzeptieren. Dabei eröffnen sich gerade jenseits der Komfortzone, jenseits der Selbstoptimierung und jenseits des schnellen Glücks und Erfolges wohltuende persönliche Entwicklung und Wachstum.

Sonnen- und Schattenseiten zeigen

Sich vollständig zu zeigen, wie man eben ist, das ist authentisches Verhalten mit aller Verletzlichkeit und Unvollkommenheit, die dazu gehört. Sind wir authentisch, dann zeigen wir nicht nur unsere Sonnenseite, sondern auch unsere Schattenseite. Wir zeigen dann unsere Stärken und unsere Schwächen. Jeder darf sehen, wenn wir etwas falsch machen. Wir erlauben uns, uns auch einmal unangepasst oder unangemessen zu verhalten, vielleicht sogar verletzend, cholerisch oder einfach unkontrolliert laut zu sein. Wir zeigen, wenn wir traurig, enttäuscht, wütend sind. Wir gehen auch einmal ungeschminkt und nicht gestylt auf die Straße. Wir lassen die Wohnung unaufgeräumt, wenn uns danach ist. Wir wissen, dass wir okay sind, selbst dann, wenn uns alles an uns gerade missfällt und alles, was wir anfangen, danebengeht. Wir mögen uns, auch wenn wir uns gerade am liebsten gar nicht kennen würden.

Diese Haltung befreit. Sie befreit von Ängsten und macht unabhängig von äußeren Erwartungen. Sie wirkt stärkend auf unseren Selbstwert. Machen Sie sich bewusst, dass Sie einzigartig sind auf dieser Welt, einzigartig unter Milliarden von Menschen. Das alleine zeigt Ihren besonderen Wert. Dieser Wert bleibt unermesslich hoch und nimmt auch durch die Herausforderungen und Widrigkeiten, die das Leben für uns bereithält, keinen Schaden. Im Gegenteil, genau daran können wir wachsen und persönliche Reife entwickeln. Dadurch formen wir unseren ganz individuellen Wert. Dazu gehören auch unsere Ecken und Kanten, eben die Schattenseiten. Wie bei einem wertvollen Edelstein sind es gerade diese Stellen, an denen sich das Licht bricht und die dadurch einen einzigartigen Glanz ermöglichen. So ist es auch mit Ihren unliebsamen Anteilen. Sie gehören zu Ihnen und machen zusammen mit Ihrer Sonnenseite Ihr einzigartiges Wesen aus.

Jede Schwäche birgt ein gutes Potenzial

In jedem vermeintlichen Makel können große Chancen stecken. Nur dann, wenn Schwächen übertrieben ausgelebt werden, sind sie schlecht für uns. Im Kern steckt in ihnen immer auch ein positiver Aspekt. Verschwendungssucht ist nur die übertriebene Ausprägung einer grundsätzlich positiven Großzügigkeit. Sparsamkeit wird erst in der Übertreibung negativ und zu Geiz. Ein durchaus gesundes Bedürfnis nach Harmonie kann in der Übertreibung zu Unterwürfigkeit werden. Genauigkeit ist ein Garant für hohe Ergebnisqualität. In der Übertreibung wird Perfektionismus mit den zugehörigen Gefahren der Überforderung daraus. Die Aspekte unserer Persönlichkeit können sich immer in positiver oder in eher negativer Ausprägung zeigen. Sie einfach abzulehnen und auszublenden, bedeutet, auch auf die positiven Anteile zu verzichten.

Willst du gut sein oder ganz?

C. G. Jung

Worüber ärgern Sie sich immer wieder an sich selbst? Welche Eigenschaft mögen Sie nicht an sich? Wobei wären Sie gerne anders, als Sie sind? Welche Eigenart stört Sie an sich?

Sammeln Sie mindestens drei Aspekte. Notieren Sie sie jeweils auf einem Blatt Papier. Jetzt überlegen Sie, was der positive Kern dieser Eigenart sein könnte. Schreiben Sie dies neben das zuerst notierte Stichwort.

Auf diese Weise führen Sie sich vor Augen, dass alle Eigenarten, je nach Betrachtung und Kontext, verschiedene Ausprägungen haben. Sie grundsätzlich abzulehnen oder zu verstecken, wäre falsch. Ihre ablehnende Haltung ist zunächst lediglich ein Gedanke. Es ist nur Ihre eigene Bewertung. Es geht dabei nicht um reale Ereignisse. Entscheidend ist, wie wir das, was wir erleben, interpretieren. Wir verwechseln die Fakten des Alltags oft mit unseren Gedanken darüber. Und die Gedanken steuern Sie selbst.

Eine abwertende Sicht auf die eigenen Persönlichkeitsmerkmale blendet deren positiven Kern aus. Fragen Sie stattdessen lieber: »Was ist der Nutzen, der Vorteil dieses Anteils von mir?«, »Was kann ich tun, um ihn zu stärken?«, »Was ist die problematische Seite daran?«, »Wie kann ich sie begrenzen?«

Wenn ich diese Übung in Team-Seminaren mache, versuchen die Teammitglieder gemeinsam für jedes Teammitglied zu dem gefundenen negativen Aspekt eine andere Deutung zu finden. Am Ende dieser Teamarbeit ist jedem deutlich geworden, dass er mit seinem ungeliebten Anteil einen wichtigen Beitrag für das Team leistet. Beispielsweise nennen die Teilnehmer immer wieder »Ich bin immer so chaotisch!« als störende Eigenschaft. Von anderen Teammitgliedern wird genau das als fruchtbar empfunden, weil damit meist eine ausgeprägte Kreativität einhergeht. Andere bemängeln: »Ich bin immer so direktiv und bestimmend!« Vielfach erfahren sie, dass sie damit dazu beitragen, endlos lang geführte Diskussionen, konsequent und schnell auf das Wesentliche am Thema zurückzuführen. Wieder andere stört es, dass sie immer ruhig und zurückhaltend sind. In der Regel erfahren sie, dass sie genau deswegen meist sehr gute Zuhörer sind und über ein hohes Maß an Empathie verfügen.

Selbstabwertung aus dem Unterbewusstsein

Neben gesellschaftlichen Zwängen und Idealvorstellungen trägt auch die eigene Biografie dazu bei, dass es schwer sein kann, sich selbst auch mit den ungeliebten Anteilen zu akzeptieren. Viele Menschen haben im Verlauf ihrer Sozialisation verlernt, so zu sein, wie sie sind. Stattdessen haben sie gelernt, ihre Gefühlswelt zu kontrollieren und die unerwünschten und schwierigen Gefühle und Seiten an sich zu unterdrücken. Was wir denken, sagen und tun, unterliegt einer ständigen unbewussten Überprüfung, ob es korrekt, erwünscht und den allgemeinen Erwartungen entsprechend ist. Je nachdem, wie das

Urteil ausfällt, nehmen wir Persönlichkeitsmerkmale an oder blenden sie aus.

Das geschieht meist unbewusst. Selbstabwertende Muster stammen häufig aus der Kindheit. Wir lernen sie bereits als ganz kleine Kinder von unseren Bezugspersonen. Kleine Kinder kopieren, was die Erwachsenen denken und tun. Die Werturteile und Haltungen der Erwachsenen beeinflussen den eigenen Blick auf die Welt, auf andere Personen und insbesondere auf sich selbst. Einschränkende Gedanken überwiegen häufig und prägen das Bild von uns selbst negativ. Sie machen es uns nicht leicht, uns anzunehmen und zu akzeptieren, wie wir eben sind. Machen Sie sich diese Zusammenhänge bewusst. Denn alles, was in Ihr Bewusstsein gelangt, kann Sie nicht mehr unbewusst beherrschen.

In unserem Unterbewusstsein sind automatisierte Gedankenmuster und Leitmotive verortet, die wir gelernt und unkritisch übernommen haben:

»Sei nicht traurig!«

»Ein Junge weint doch nicht!«

»Nimm dich nicht so wichtig!«

»Fühl dich nicht immer gleich angegriffen!«

»Sei schön nett!«

»Sei immer freundlich!«

»Gib dein Bestes und mach keine Fehler!«

»Sei perfekt!«

»Nur wer leistet, ist hier wichtig!«

»Was sollen denn die … denken?«

»Benimm dich ordentlich!«

…

Da ist er wieder der innere Feind, der Kritiker und Antreiber. Er fühlt sich verantwortlich dafür, dass wir uns zurücknehmen, anpassen und »angemessen« verhalten – und zwar weit über das hinaus, was in einer friedlichen Gesellschaft jeder beachten sollte. Der oft in früher Kindheit geprägte innere Kritiker duldet keine Sentimentalitäten, keine Unzulänglichkeiten, kein Fehlverhalten und weiß genau, welche Erwartungen wir zu erfüllen haben. Und nur, wenn uns das gelingt, finden wir Gnade vor seinen Augen. Nur dann sind wir liebenswert, wertvoll und anerkannt. Deshalb hören wir auf diese innere Stimme und fragen: »Was darf ich, was soll ich, was muss ich jetzt in dieser Situation tun, um ›geliebt‹ zu werden?«, »Was von mir soll nicht sein, so wie es gerade sein möchte?«, »Was verstecke ich besser?«, »Welchen Teil von mir sollte ich nicht zeigen?« Wir bemerken dabei gar nicht, wie sehr wir immer mehr ein Pokerface aufsetzen und uns selbst untreu werden.

Die Macht der Liebe

Den inneren Feind nenne ich, damit wir gut miteinander sprechen können, »Schätzelein«; ihn beschreibe ich ausführlicher im ersten Kapitel. Nun ist es an der Zeit, »Schätzelein« einen guten Freund an die Seite zu stellen. Einen Freund so wie meine allwissende Freundin, die mich, wie eingangs ausgeführt, in einer Krise unablässig begleitete. Unser wohlwollender Detektiv »Sherlock« aus dem vorhergehenden Kapitel braucht jetzt Unterstützung von solch einem Freund, damit »Schätzelein« uns nicht zu sehr einengt und zur Anpassung drängt. Einem Freund, der wohlwollend zu uns hält, auch wenn wir anders sind als vermeintlich erwünscht. Einem Freund, der zu uns hält, wenn wir nicht »Everybody's Darling« sein wollen und können. Einem Freund, der alles von uns weiß und uns dennoch mag!

Ich nenne ihn »Darling«, weil er eigentlich mehr ist als ein Freund. Er ist eher wie ein großartiger Geliebter oder wie die große Liebe unseres Lebens. Denn Liebende, egal ob in flüchtigen Affären, zwischen Lebensabschnittspartnern oder in ein Leben lang glücklichen Beziehungen, zeichnen sich dadurch aus, dass sie sich gegenseitig trotz ihrer

Fehler, Schwächen und äußeren Makel annehmen und begehren. Liebe ist gekennzeichnet durch eine Intimität, in der unser Selbst begehrt, anerkannt, verstanden und liebevoll umsorgt ist. Und zwar genau so, wie es ist, und ohne Wenn und Aber. Wir fühlen uns frei, durch und durch lebendig und können unser Selbst voll und ganz entfalten. Wir dürfen sein, wie wir sind, und können werden, wie wir gern sein möchten.

»Darling« kann dem inneren Kritiker den Wind aus den Segeln nehmen. Immer dann, wenn Sie merken, dass Sie unzufrieden mit sich sind und Anteile Ihrer selbst verstecken wollen, bitten Sie ihn, seine Meinung dazu zu äußern. Welche Fragen würde er Ihnen stellen? Was würde er sagen und tun, damit Sie sich selbst wieder mögen. Wie würde er Sie unterstützen, damit Sie tun, was Sie für richtig halten. Wie würde er Sie aufbauen, wenn Ihr Ego gerade im Keller wäre? Vielleicht mit folgenden Worten:

»Traurig sein gehört zum Leben. Es ist gut, dass du so empfinden kannst!«

»Weinen erleichtert. Lass die Tränen einfach laufen!«

»Was ist dir jetzt im Moment wichtig?«

»Du musst nicht immer alles schlucken. Mach deinem Unmut ruhig einmal Luft!«

»Sag Ja, wenn du Ja meinst, und Nein, wenn du Nein meinst!«

»Gute Kommunikation ist nicht unbedingt leise und freundlich, sondern manchmal auch laut und deutlich, aber immer klar!«

»Fehler bieten eine Chance zu lernen!«

»Lass mal fünfe gerade sein. Weniger ist manchmal mehr!«

»Was macht dich aus?«

»Erlaube dir, deine eigenen Bedürfnisse zu erfüllen!«

»Entscheide selbst, welches Verhalten du jetzt für angemessen hältst!«

Nicht jeder mag jeden

Viel zu oft beschränken wir uns aus Unsicherheit und Angst vor Ablehnung in unserer einzigartigen Vielfalt. Nur wenn wir uns mit unseren Stärken und auch unseren Schwächen zeigen, werden wir wirklich gesehen, wie wir sind.

Hören Sie auf, sich an die vermutete Erwartung anderer anzupassen: Versuchen Sie es, wagen Sie es immer wieder. Verstecken Sie die von Ihnen selbst nicht geliebten Anteile nicht.

Gehen Sie den tatsächlichen Zusammenhängen nicht länger in die Falle: In Wirklichkeit sind nicht Sie es, die sie nicht mögen. Sie glauben, dass die anderen Sie nicht mögen, und haben Angst davor, abgelehnt zu werden. Das ist zunächst Ihre ganz eigene Konstruktion einer Realität, die noch gar nicht eingetreten ist. Wirklichkeitskonstruktionen prägen unsere Einstellungen und unser Verhalten. Da diese Konstruktionen subjektiv und nicht allgemeingültig und wahr sind, können wir uns auch für eine andere und neue Realität entscheiden und unser Verhalten ändern.

Verwerfen Sie Ihre Vermutungen darüber, was andere über Sie denken werden. Überlassen Sie den anderen, zu beurteilen, was sie an Ihnen liebenswert finden oder auch nicht. Halten Sie es aus, wenn Menschen Sie auch einmal nicht mögen, so wie Sie sind. Das kommt vor und gehört zum Leben. Sie können es nicht allen recht machen. Sie schließen ja auch nicht jeden in Ihr Herz. Sie dürfen sich von Menschen distanzieren und Menschen dürfen sich von Ihnen distanzieren. C'est la vie!

Vom Reiz und Glück der Vielfalt

Vielleicht haben ja gerade Ihre Schattenseiten und Ihre Ecken und Kanten für andere ihren besonderen Reiz und Charme? Vielleicht können gerade diese Seiten andere inspirieren und ermutigen. Denken Sie daran, welche Eigenarten anderer Sie gerne mögen. Sind es immer die erwünschten und allseits anerkannten Verhaltensweisen? Wahrscheinlich eher nicht. Denn es sind doch gerade die »nicht weich gespülten«, manchmal verstörenden, aber authentischen Verhaltensweisen, die uns am meisten an anderen imponieren. Gerne wären wir dann wie sie.

Da ist die Kollegin, die es immer wieder schafft, dem schwierigen Chef klar und deutlich ihre Meinung zu sagen und ihm Grenzen zu setzen. Auch auf die Gefahr, seinen Unmut zu spüren. Vielleicht gibt es Menschen in Ihrem Umfeld, die einfach machen, was sie für richtig halten, und sich nicht darum kümmern, ob es von ihrer Umwelt für gut befunden wird oder nicht. Möglicherweise erfüllt es Sie mit Neid, wie eine Freundin sich traut, sich auffällig, ein wenig schrill und verführerisch, zu kleiden, obwohl sie auch keine Modelfigur hat. Es gibt viele Beispiele, die uns zeigen, dass das Leben bunt ist und nicht schwarzweiß. Wer wäre nicht gerne ein wenig mehr unangepasst, unbequem, eben nicht optimiert und stromlinienförmig?

Geben Sie anderen nicht die Macht zu bestimmen, wie Sie sind. Folgen Sie Ihrer eigenen inneren Stimme. Auf sie ist Verlass. Je mehr Sie ihr folgen, desto mehr Freiheit erleben Sie. Freiheit von den Vorstellungen anderer. Freiheit, sich selbst zu akzeptieren. Das heißt, darauf zu achten, was Ihnen guttut und was nicht. Und ernst zu nehmen, wie Sie sich entfalten wollen und wie nicht.

Zeigen Sie mehr von Ihren Seiten, die Sie bisher am liebsten verbergen möchten. Seien Sie ehrlich zu sich und den anderen. Indem Sie sich mit all Ihren Facetten offenbaren, trauen sich andere Menschen auch, sich Ihnen so zu zeigen, wie sie wirklich sind. Das ist das Fundament für bereichernde, ehrliche und offene Beziehungen.

Solche Beziehungen sind nicht immer einfach. Wenn Menschen sich nicht verstellen, wenn nicht immer der Filter der Optimierung über alles gelegt wird, entsteht Reibung, vielleicht auch Unmut und Enttäuschung. Zeigen Sie dann auch diese Gefühle. Lassen Sie auch einmal einen handfesten Streit zu. Immer und überall Harmonie gibt es nicht. Seien Sie irgendwann wieder versöhnlich mit den Anteilen des anderen, die Sie »auf die Palme gebracht« haben. Legen Sie Ihren Unmut ab und konzentrieren sich darauf, was den anderen wertvoll und besonders für Sie macht.

Vielleicht haben Sie im anderen unbewusste und von Ihnen abgelehnte eigene Anteile, Bedürfnisse und Wünsche wahrgenommen und verurteilt. Dadurch kann Ärger, Wut und Enttäuschung entstehen. Vielleicht hat Ihr Gegenüber sich so gezeigt, wie Sie selbst gerne wären, sich aber nicht trauen, weil Sie glauben, dass das kein wünschenswertes Verhalten ist. Möglicherweise haben Sie die Verurteilung Ihrer eigenen Anteile auf den anderen übertragen und der auf ihn gerichtete Unmut galt eigentlich Ihnen selbst?

Ein kleines Beispiel dazu: In meiner Nachbarschaft hat eine junge Frau »heimlich« geheiratet. Sie und ihr Partner wollten diesen Tag nur zu zweit erleben. Ohne die üblichen Anstrengungen und den großen finanziellen Aufwand, die eine lange geplante und gut organisierte große Feier mit Familie und Freunden mit sich bringen. Beide haben sich ihren Hochzeitstag alleine wunderschön gestaltet und waren glücklich mit dem Tag. Ihre Familien haben sie erst danach informiert.

In vielen Familien hätte vermutlich der Haussegen schiefgehangen, weil man das so doch nicht machen kann. Vorwürfe anstatt Glückwünsche wären der Preis des nicht konformen Verhaltens gewesen. Dahinter stehen manchmal die verletzten, weil nie ausgelebten, Wünsche der Enttäuschten selbst. In diesem Fall der Wunsch nach gelebter Autonomie und Freiheit.

Glücklicherweise war es in dem Fall anders. Es anders als üblich zu machen, wurde allseits akzeptiert. Alle haben sich gefreut. Das junge Paar war wohl auch deshalb so mutig, sich die eigenen und unkonventionellen Bedürfnisse zu erfüllen, weil sie tolerante Haltungen gegenüber anderen Verhaltensweisen in den eigenen Familien erleben konnten.

Auch unsere von uns abgelehnten Seiten des Selbst repräsentieren Bedürfnisse, die gelebt werden wollen. Auch sie haben ihre Funktion und Berechtigung. Indem wir dauerhaft vermeiden, diese Seiten zu würdigen und sie nicht als zu uns zugehörig akzeptieren, bereiten wir den Boden für Konflikte, Schmerz und Frustration. Andauernd einem Bild entsprechen zu wollen, das nicht dem Selbst entspricht, schafft Ambivalenzen und ist auf Dauer schwer zu ertragen. Es kostet unendlich viel Energie. Unterdrückte Bedürfnisse werden immer stärker, verschaffen sich irgendwann unkontrolliert Raum und suchen nach Erfüllung. Manchmal in unschöner Art und Weise. Es kommt zu Konflikten und Streit. Das kann vermieden werden, wenn wir unsere Bedürfnisse kommunizieren und sie selbst akzeptieren, auch wenn sie manchmal uns selbst oder anderen »nicht schmecken«.

So, wie wir sind, sind wir immer auch mittelmäßig, gewöhnlich und fehlbar. Das ist gut so. Zeigen Sie es.

ᢐᠣᡥ Fallbeispiel: Die Unternehmerin

Eine Klientin, 62 Jahre alt und erfolgreiche Unternehmerin, klagte über immer größere Unzufriedenheit mit ihrem beruflichen und privaten Leben. Sie hatte vor einem halben Jahr nach einer kurzen und schweren Krankheit ihren Mann verloren. Es schien jedoch, dass sie in ihrer Familie, sie hatte zwei Töchter und zwei Enkelkinder, gut aufgefangen war und dieser Verlust bereits verarbeitet war.

In den folgenden Sitzungen stellte sich heraus, dass sie massive körperliche Symptome einer starken Überlastung hatte. Ich bat sie deshalb, ergänzend zu unseren Terminen ärztliche Hilfe in Anspruch zu nehmen. Das tat sie. Ihr Arzt hielt es nach kurzer Zeit für sinnvoll, ihr eine Auszeit zu verordnen. Dagegen wehrte sie sich anfänglich, lenkte dann aber ein und verbrachte sechs Wochen in einer auf die Begleitung psychischer Überlastungserkrankungen spezialisierten Klinik.

Nach ihrer Rückkehr setzte sie das Coaching mit mir fort. Eine völlig veränderte Frau saß vor mir. Sie war nach wie vor sehr gepflegt und gut gekleidet, hatte aber ein insgesamt viel lässigeres und nicht so perfektes Erscheinungsbild. Schon bald zeigte sich, dass hinter ihrer anfänglichen Unzufriedenheit, gravierende persönliche Themen im Zusammenhang mit dem Tod ihres Mannes standen. Die Therapie in der Klinik hatte den Boden für ein intensives und entwicklungsförderliches Coaching bereitet.

Ich arbeitete intensiv mit Methoden der Biografiearbeit mit ihr. Im Rückblick auf ihr bisheriges Leben erkannte sie erstmalig, welche Ereignisse, Erlebnisse und Erfahrungen sie geprägt haben. Nicht ihr geschäftlicher Erfolg stand bei dieser Betrachtung im Fokus, sondern ihr gelebtes Leben. Sie stellte bei sich einen übersteigerten Drang nach Leistung fest. Sie war immer getrieben gewesen von dem Wunsch nach noch mehr Erfolg und hatte alles in ihrem Leben darangesetzt, perfekt und makellos zu sein. Sie stammte aus einer Unternehmerfamilie und hatte einen strengen Vater, der von seiner einzigen Tochter erwartet hatte, dass sie zielstrebig ihren Weg im Geschäftsleben machte. Gefühle hatten in ihrer Herkunftsfamilie eine untergeordnete Rolle gespielt. Es war darum gegangen, Erwartungen zu erfüllen und zu funktionieren. Sentimentalitäten, Herzenswärme und zwischenmenschliche Nähe waren eher fremd gewesen.

Mit ihrem Mann hatte sie einen erfolgreichen, aber dennoch warmherzigen Mann kennengelernt. Mit ihm und durch ihn hatte sie sich erstmalig emotional und empfindsam erlebt. Er war ihre große Liebe und die Ehe war bis zum Ende eine glückliche Ehe gewesen. Außerhalb des Kokons ihrer Ehe war sie die nüchterne, für manche Menschen kalt und direktiv wirkende und immer kontrollierte perfekte Geschäftsfrau geblieben. Der andere Teil ihrer Persönlichkeit, der warme und gefühlsbetonte, war ein kleines Pflänzchen im geschützten Raum ihrer Ehe geblieben.

Als nun ihr Mann gestorben war, war das ein äußerst schmerzhafter Verlust für meine Klientin. Da sie aber in ihrem Bemühen um Kontrolliertheit und Perfektion gefangen war, hatte sie konsequent die für sie ungewöhnlich starken Gefühle von Schmerz und Trauer unterdrückt. Eine Frau wie sie zeigt so etwas nicht. Diesen verletzlichen und verletzten Teil ihrer Persönlichkeit lehnte sie ab und blendete ihn aus. Stattdessen hatte sie sich in immer mehr Arbeit gestürzt. Manchmal hatte sie ihr Seelenleid zuhause auch mit Alkohol bekämpft. Sie hatte Schlafprobleme, Konzentrationsprobleme, Herzrasen bekommen.

Im Verlauf des Coachings gelang es ihr, sich selbst endlich die Erlaubnis zu geben, tief zu trauern. Sie lernte, diesen Teil ihrer selbst anzunehmen, zu akzeptieren und ohne Druck und zeitliches Limit auszuleben. Sie verabschiedete sich für einige Monate aus ihrer Firma und stand nur noch für spezielle Themen und Anlässe vor Ort zur Verfügung. Sie besuchte regelmäßig ein Trauercafé der Hospizbewegung. Dort fand sie Stärkung im Austausch mit anderen Trauernden. Immer mehr lernte sie sich selbst so zu akzeptieren, wie sie unter der dicken Schale der Perfekten war, emotional, verletzlich, stark und gleichzeitig schwach. Sie erkannte, dass sie weit mehr Bedürfnisse hatte als geschäftlichen Erfolg. Mit zunehmender Verarbeitung der Trauer entdeckte sie neue Interessen und Themen, die ihr Freude bereiteten. Am Ende eines langen Trauerjahres fand sie große Erfüllung darin, ehrenamtlich für die Hospizbewegung zu arbeiten und Sterbende sowie Trauernde empathisch zu begleiten. Das hatte auch Auswirkungen auf ihre wiederaufgenommene Geschäftstätigkeit. Sie veränderte ihren Führungsstil weg von einem autoritären Stil und hin zu einem partnerschaftlichen Stil mit flachen Hierarchien und großen Kontrollspielräumen für die Mitarbeiter. Sie war bei sich selbst angekommen und hatte ihre Maske abgelegt.

Ich bin dankbar, dass ich sie inspirieren und begleiten durfte.

Fragen, die Sie sich stellen können

- Was mache ich, wenn ich traurig bin oder mich schwach fühle, obwohl ich selbstsicher und souverän wirken will?
- Wann habe ich mich das letzte Mal so richtig wohl in meiner Haut gefühlt und wie ist es jetzt?
- Wann, wobei und/oder bei wem gebe ich mich anders als ich bin? Vielleicht stärker, unfehlbarer oder belastbarer als ich bin? Was ist der Nutzen? Was ist der Preis?
- Wie gehe ich mit Rückschlägen, Scheitern, Fehlern und für mich negativen Entscheidungen um? Bei wem und wo suche ich Ursachen und Schuld? Wie intensiv kämpfe ich dagegen an?

- Was an mir kann ich nur schwer akzeptieren, oder lehne es ab? Was ist der positive Kern? Was kann ich tun, es anzunehmen?
- Was wäre der Zugewinn, wenn ich meine Erwartungen und Ansprüche an mich selbst veränderte? Was konkret kann ich verändern? Womit kann ich anfangen?

✎ Anregung zur Selbstreflexion
Ich, wie ich wirklich bin

Schreiben betrachte ich als wunderbare Möglichkeit der Selbstreflexion. Deshalb lade ich Sie an dieser Stelle erneut zu einer Schreibübung ein. Und wieder gilt: Es geht nicht um literarische Qualität. Nur Sie entscheiden, ob außer Ihnen ein anderer diesen Text lesen darf. Und es gibt keine Tabus beim Schreiben. Alles ist erlaubt. Folgen Sie Ihren spontanen Impulsen und Gedanken und schreiben Sie sie unzensiert auf. Es sind Ihre inneren Stimmen, die sich da zu Wort melden.

Nehmen Sie sich eine halbe Stunde Schreibzeit und schreiben Sie über sich selbst. Beschreiben Sie sich mit allen Facetten und Eigenarten, die Sie ausmachen. Auch die, die Sie gerne verstecken und nicht zulassen. Sie können sich vor niemandem blamieren. Sie erfahren keine Kritik. Leben Sie sich aus auf dem Papier.

Manchmal ist es hilfreich, solch eine Selbstdarstellung als Brief an einen nahen und vertrauten Menschen zu schreiben. Dieser Brief wird nie abgeschickt. Es erleichtert einen distanzierten Blick auf sich selbst ohne Selbstzensur. Stellen Sie sich vor, Sie hätten sich sehr lange nicht gesehen und nicht voneinander gehört und plötzlich sei der Kontakt wieder als Brieffreundschaft aufgelebt. Damit Ihr Brieffreund Sie wieder kennenlernen kann, schreiben Sie ihm, wie Sie leben, wer Sie sind, was Sie ausmacht, was Sie an sich mögen und was nicht, wie Sie gerne wären, wohin Sie sich entfalten wollen.

Lesen Sie das Aufgeschriebene nach ein paar Tagen noch einmal. Spüren Sie nach, welche Gefühle es in Ihnen auslöst. Was sagt Ihnen das? Wo sehen Sie Unterschiede zu Ihrem tatsächlichen Leben?

▣━◉ Übung: Menschen, die mir guttun

Es gibt Menschen in Ihrem Leben, die Ihnen guttun, die Sie ermutigen, die an Sie glauben und bei denen Sie sich innerlich stark fühlen und sein dürfen, wie Sie sind. Menschen, wie meine beschriebene treue Freundin, Menschen die Sie mögen, obwohl sie alles von Ihnen wissen.

Nehmen Sie sich ein Blatt Papier. Zeichnen Sie in die Mitte einen Kreis und schreiben Sie groß »ICH« hinein.

Zeichnen Sie darum herum mehrere, am besten fünf bis zehn weitere Kreise. Tragen Sie in die umliegenden Kreise die Namen der Menschen ein, die Ihnen im oben beschriebenen Sinn guttun. Verbinden Sie diese Kreise mit Ihrem Kreis in der Mitte. Sie können den Abstand der Kreise zu Ihrem Kreis verschieden gestalten und Sie können die Verbindungslinien unterschiedlich dick oder farbig gestalten. Darüber können Sie die Nähe und Intensität der Verbindung sichtbar machen. Ganz wie Sie es empfinden.

Was, denken Sie, ist der Grund dafür, dass diese Menschen an Sie glauben und Sie stärken?

Was mögen diese Menschen nicht so sehr an Ihnen? Welchen Einfluss haben diese Faktoren auf die Qualität Ihrer Verbindung (gar keinen, positiv, negativ)?

Notieren Sie hinter jedem Namen stichwortartig Ihre Gedanken dazu.

Betrachten Sie das Ergebnis. Vielleicht können Sie die eine oder andere Person auch befragen und schauen, ob Sie Ihre Gedanken um weitere ergänzen können. Vielleicht erfahren Sie Neues über sich selbst. Vielleicht sind manche Anteile, die Sie selbst nicht an sich mögen, für andere gar nicht negativ?

Welche Erkenntnisse ziehen Sie daraus im Hinblick auf das Thema Selbstakzeptanz? Welche Schlüsse können Sie daraus für Ihr Verhalten in Zukunft ableiten?

👀 Das erotische Foto-Shooting

Eine Geschichte zur Bedeutung von Selbstakzeptanz

Eine Freundin erzählte mir, dass sie ihrem Partner zum Geburtstag gerne besondere Fotos von sich schenken wollte. Nach einiger Überlegung hat sie sich für erotische Aufnahmen entschieden. Ihre anfängliche Scheu hat sie schnell überwunden und einen Termin für ein erotisches Foto-Shooting bei einem dafür bekannten Fotografen gemacht.

Sie sprach vorher mit mir darüber, ob sie die Fotos so überarbeiten lassen solle, dass ein makelloser Körper dargestellt sei. Da sie jenseits der 50 ist und mehrere Kinder geboren hat, hat sie natürlich nicht den perfekten Modelkörper. Wie fast jede Frau Ihres Alters hat sie Anzeichen von Cellulite. Als Überbleibsel der Schwangerschaften zeigen sich Dehnungsstreifen. Der Bauch ist nicht mehr flach und der Busen nicht mehr straff wie bei einer 20-Jährigen. Dennoch strahlt sie so, wie sie ist, erotische Anziehungskraft aus. Ihr Partner sieht das offenbar auch so. Denn die beiden haben nach wie vor ein aktives und befriedigendes Sexualleben miteinander.

Wir kamen zu dem Schluss, dass es keinen Grund gibt, die Bilder zu verfälschen. Schließlich sind alle Makel ihres Körpers Anzeichen und Ausdruck eines erfüllten gelebten Lebens voller Genuss und Leidenschaft.

Gesagt, getan. Sie ließ sich so ablichten, wie sie ist. Indem sie ihren Körper, so wie er ist, selbstbewusst akzeptiert hat, konnte sie sich frei und völlig gelöst vor der Kamera zeigen. Das Ergebnis waren wirklich grandios schöne erotische Fotos. Ihr Partner war überglücklich und hat eines der Fotos vergrößern lassen, gerahmt und im Schlafzimmer aufgehängt. Die in dieser Größe wirklich deutlich sichtbaren Anzeichen eines nicht mehr perfekten Körpers haben ihn nicht davon abgehalten.

Kapitel 4
Selbstempathie

Ich weiß genau, wie es mir geht

Wie geht es Ihnen?

Wissen Sie es? Ja?

Können Sie es tatsächlich differenziert benennen?

Die meisten Teilnehmer an meinen Seminaren können dies nicht wirklich. Vermutlich wäre auch Ihre Antwort »gut«, »schlecht« oder, wie man im Rheinland manchmal sagt, »muss«. Es ist völlig in Ordnung, wenn wir im Alltag auf diese aus Freundlichkeit und flüchtigem Interesse gestellte Frage so antworten. Da geht es nicht darum, uns mit unseren innersten Gefühlen und Befindlichkeiten zu zeigen. In kurzen Begegnungen und Smalltalk-Situationen ist ein höfliches Interesse aneinander damit ausreichend beantwortet.

Uns selbst ein guter Wegbegleiter sein

Hier geht es jedoch darum, wie Sie sich selbst näherkommen und sich entfalten und entwickeln können. Dafür ist es wesentlich, über die oberflächliche Wahrnehmung unserer selbst hinauszugehen und sich selbst intensiv zu reflektieren. Ein Aspekt ist, zu lernen, sich selbst empathisch zu begegnen.

Was heißt das?

Empathie ist die Fähigkeit, Empfindungen, Gefühle, Gedanken, Bedürfnisse und Motive einer anderen Person zu erkennen und zu verstehen.

Dazu gehört auch, angemessen darauf zu reagieren, also Mitgefühl zeigen zu können. Mitgefühl ist etwas anderes als Mitleid. Empathische Menschen machen sich das Leid und die Gefühle der anderen Menschen nicht zu eigen. Sie bewahren eine gesunde Distanz und werden dadurch zum wohltuenden Begleiter in schwierigen Situationen.

Mit uns selbst verbringen wir ein ganzes Leben. Da gibt es kein Entrinnen. Was immer wir tun, wo immer wir hingehen: Wir haben immer uns selbst dabei. Es ist schön, wenn uns Menschen zur Seite stehen, die uns empathisch durch die Höhen und Tiefen des Lebens begleiten. Noch wichtiger ist es aber, dass wir uns selbst ein wunderbarer Begleiter sind. Dafür ist entscheidend, dass wir uns selbst empathisch begegnen. Je besser wir unsere eigenen Empfindungen, Gefühle, Gedanken, Bedürfnisse und Motive wahrnehmen, verstehen und darauf reagieren können, desto besser können wir uns selbst durch das Leben steuern.

Nicht nur das, wir können auch die vielen glücklichen Momente unseres Lebens genussvoll und bewusst wahrnehmen und sie in vollen Zügen genießen. Das ist schlicht und einfach gesund und kann lebensverlängernd wirken. Grund genug, sich mit sich selbst und den eigenen Gefühlen anzufreunden.

Was sind Gefühle? Was sagen sie uns? Weshalb sind sie so wichtig? Wie kommen wir ihnen auf die Spur? Fragen über Fragen, auf die Sie nun Antworten bekommen sollen.

Mehr als »gut«, »schlecht« oder »muss«

Gefühle spüren, erleben und empfinden wir. Immer dann, wenn Sie einen Satz formulieren, der mit »Ich bin« beginnt, sprechen Sie über Ihre Gefühle. Wenn Sie dagegen sagen: »Ich denke, dass …«, »Ich glaube …« oder »Ich vermute …«, reden Sie über Ihre Gedanken. Das ist eine völlig andere Wahrnehmungsebene. »Ich bin euphorisch«, »Ich bin aufgeregt«, »Ich bin verliebt« – damit benennen Sie Ihre Gefühle. Und es gibt unendlich viele Wörter für Gefühle. Ich habe eine umfassende Sammlung von Wörtern, die Gefühle ausdrücken.

Die meisten Wörter sind bei vielen Menschen in die Schublade des passiven Wortschatzes gerutscht. Damit sind sie nicht im sofortigen Zugriff. Der aktive Wortschatz für den Ausdruck von Befinden umfasst bei vielen Menschen tatsächlich nicht viel mehr Wörter als »gut«, »schlecht« und »muss« oder Ähnliches. Was heißt denn »gut«? Das ist kein Gefühl, das ist ein sehr grob umschriebener Befindlichkeitszustand. Nicht mehr. Gut kann es mir aus unterschiedlichsten Gründen gehen. Entsprechend unterschiedlich fühle ich mich. Mir selbst empathisch begegnen zu können und mein bester Begleiter zu sein, bedeutet, die unterschiedlichen Facetten meines Fühlens tatsächlich spüren, empfinden und auch benennen zu können.

Gefühle verbinden

Leider ist es nicht verbreitet, über die eigene Befindlichkeit zu sprechen. Ich behaupte, es ist nur sehr selten überhaupt erwünscht, emotional zu sein. Unsere Kultur ist betont logisch-analytisch und nur wenig emotional. *»Jetzt lassen Sie uns doch wieder sachlich reden!«* oder *»Jetzt reg dich doch nicht so auf!«* sind Beispiele dafür, wie sehr wir bemüht sind, Gefühle zu unterdrücken. Dabei kann die emotionale Seite einer Situation Türen öffnen. Sie ist der Schlüssel zu stabilen und bereichernden Beziehungen, nicht nur im privaten Umfeld. Es menschelt überall. Beziehungen tragfähig gestalten zu können ist wichtiger denn je. Und Beziehungen sind niemals sachlich.

Gute Freundschaften sind deshalb so schön, weil wir miteinander lachen, uns gemeinsam freuen, zusammen Spaß haben. Sie sind auch deshalb so wertvoll und besonders, weil wir miteinander trauern, weinen, wütend und ärgerlich sind. Freunde spüren sich. Sie zeigen sich einander mit all ihrer Emotionalität und sind sich nah. Bei ihnen fühlen wir uns aufgefangen. Wir können unsere Gefühle zeigen und sicher sein, verstanden und angenommen zu sein.

Auch im geschäftlichen Umgang mit Kollegen, Mitarbeitern, Chefs und Kunden klappt es besser, wenn Gefühle im Spiel sind. Aus meiner Zeit im Vertrieb eines großen Konzerns weiß ich sehr gut, dass die besten Geschäfte mit Kunden entstehen, wenn eine emotionale Verbindung aufgebaut ist. Ich habe keine Freundschaften mit Kunden geschlossen. Nein, aber ich habe versucht, sie zu verstehen, anstatt ihnen ein Produkt »überzustülpen«. Ich habe nachgefragt, wollte wissen, wollte verstehen und nicht überzeugen oder gar überreden. Ich habe auch gut hingehört, wenn mir ein Kunde von seiner Familie oder von seinen Freizeitaktivitäten erzählt hat. Das habe ich in Gesprächen empathisch wieder aufgegriffen. Ich war nah an den Gefühlen meiner Kunden. Ich habe eine Beziehung von Mensch zu Mensch gestaltet. Das war die Basis für Vertrauen. Nicht selten konnte ich damit Aufträge gewinnen, obwohl mein Angebot teurer war als das der Konkurrenz. Es entstanden vertrauensvolle Kundenbeziehungen. Auf einer rein sachlichen Ebene wäre das nicht möglich gewesen.

Warum fällt es so schwer, Emotionen klar zu benennen?

Gefühlsvokabeln lernen

Wie bei einer Fremdsprache, die wir in der Schule gelernt, aber nie wirklich angewendet haben, braucht es Übung, um den passiven Wortschatz wieder zu aktivieren. Ich habe in der Schule vier Jahre Französisch gelernt. Leider habe ich nie die Gelegenheit, es tatsächlich anzuwenden. Wenn ich dann einmal Urlaub in Frankreich mache, fehlen mir in den ersten Tagen die Vokabeln, um auszudrücken, was ich sagen möchte. Selbst eine einfache Bestellung im Restaurant fällt schwer. Nach ein paar Tagen klappt es schon viel besser. Am Ende des Urlaubs kann ich mich schon fast auf Französisch unterhalten. Ich werde verstanden, bekomme, was ich möchte, knüpfe neue Kontakte und erfahre viel von den Gepflogenheiten und der Kultur der Franzosen. Das tut gut und macht Spaß.

So ist das mit unserem Wortschatz für Gefühle auch. Je mehr Sie ihn benutzen, desto leichter und schneller können Sie genau benennen, wie es Ihnen geht. Desto leichter können Sie auch nachempfinden, was Ihr Gegenüber gerade empfindet, und genau darüber in einem empathischen Dialog sprechen. Und es ist überhaupt nicht schlimm, wenn Sie anfänglich noch üben müssen, Ihre Wortwahl holprig ist und Sie noch nicht genau den Kern dessen treffen, was Sie ausdrücken wollen. Sie werden verstanden. Und Sie zeigen, dass Sie verstehen wollen. Das kommt gut an. Besser als sachliche, nüchterne oder gar ängstliche Distanz. Wie im Frankreichurlaub auch. Allein das Bemühen erleichtert die Verbindungen.

Im Alltag passiert es oft, dass uns beispielsweise eine Äußerung oder ein Verhalten unseres Partners ärgert und aufregt. Das darf sein. Meist reagieren wir aber sofort aufgebracht und machen unserem Ärger Luft. Sätze wie *»Und überhaupt, immer machst du …«, »Du musst mal wieder …!«, »Kannst du endlich mal aufhören, …«, »Sei doch nicht immer so …«* oder ähnliche Kampfansagen sind Schnellschuss-Reaktionen mit zerstörerischer Wirkung. Damit geben wir letztlich dem anderen die Schuld an unserem eigenen Ärger. Ihm bleibt nur, sich zu rechtfertigen und zu verteidigen. *»Stell dich doch nicht immer so an!«, »Das stimmt doch gar nicht!«* oder *»Immer musst du gleich meckern!«* sind gängige Antworten. Und schon kann die Situation zu einem heftigen Streit eskalieren.

Wir können weniger hilflos reagieren, wenn wir wissen, was wir gerade konkret fühlen und brauchen. Sind wir geübt darin, in solchen Momenten spontanen Ärgers kurz innezuhalten und zu klären, welche Gefühle gerade auf jeder Seite im Spiel sind, fällt die Reaktion wahrscheinlich anders aus. Wenn wir klar und deutlich darüber sprechen, dann reden wir über uns, greifen nicht an und ermöglichen gegenseitiges Verstehen. Anstelle des üblichen Pingpongspiels des Austauschens von Vorwürfen und Schuldzuweisungen steht die Klärung der Situation im Fokus. Der Andere ist nur noch Auslöser unseres Ärgers, nicht mehr der Grund. Die Verantwortung für die Gefühle bleibt bei jedem selbst. Das entschärft die Situation und lässt Klärung zu.

Übung macht den Meister

Authentische Beschreibungen Ihrer momentanen Befindlichkeit zu finden ist zunächst nicht einfach, solange es ungewohnt ist. Doch es ist etwas, das Sie einüben können. Setzen Sie sich für eine Viertelstunde in Ihre gemütlichste Ecke und denken Sie an drei Situationen des Tages zurück. Versuchen Sie, sich noch einmal genau in diese Situationen hinein zu fühlen. Stellen Sie sich folgende Fragen: *»Wie habe ich* *mich in dieser Situation gefühlt?«, »Wo habe ich das Gefühl in meinem Körper gespürt?«, »Wie und mit welchem Wort kann ich das Gefühl treffend beschreiben?«*

Je öfter Sie Gefühlsvokabeln für sich suchen und finden, desto geübter werden Sie darin. Und Sie spüren sich besser und Ihr aktives Vokabular für Gefühle wird immer umfassender. Damit es Spaß macht und guttut, fangen Sie mit angenehmen Situationen an. Schwelgen Sie in guten Gefühlen. Das reguliert Ihren Stresshormonpegel nach dem Ärger, den nahezu jeder Tag bereithält, wieder auf eine gesunde Höhe. Für eine Stress-Situation braucht es übrigens drei positive Erlebnisse, um den erhöhten Stresspegel zu normalisieren! Es lohnt sich also, sich die angenehmen Gefühle des Tages gezielt noch einmal in Erinnerung zu rufen.

Erst wenn Sie sich mit dieser Übung vertraut fühlen, spüren Sie auch den unangenehmen Situationen des Tages nach. Ein großer Wortschatz dafür ist ebenfalls sehr wichtig: Wenn Sie Ihre belastenden Gefühle direkt und klar im Zugriff haben, können Sie schneller und besser für Entlastung oder Klärung sorgen.

Warum ist das so und wofür ist das wichtig?

Gefühle als Signalgeber

Gefühle sind der Indikator für Ihre Bedürfnisse, für das, was Ihnen wirklich wichtig ist. Gefühle geben Ihnen Auskunft darüber, ob Ihre Bedürfnisse erfüllt sind oder nicht. Geht es Ihnen dauerhaft nicht gut, bedeutet es, dass etwas, was Ihnen wirklich wichtig ist, gerade nicht ausreichend beachtet wird. Umgekehrt bedeuten angenehme Gefühle, dass Sie gerade im Einklang mit Ihren Werten und Bedürfnissen leben. Das kann uns nicht immer gelingen. Natürlich müssen wir die eine oder andere »Kröte schlucken«. Wenn Sie sich aber dauerhaft und überwiegend schlecht fühlen, schädigen Sie Ihre Gesundheit.

Sich selbst differenziert wahrnehmen zu können, ist gerade dann, wenn das Leben herausfordernd, belastend und anstrengend ist, eine schützende Kompetenz. Der Körper sendet meist schon früh kluge Signale, dass etwas nicht im Lot ist. Anfangs klitzekleine Signale. Später immer deutlichere. Nehmen wir diese Signale nicht wahr, so stellt er uns am Ende die Ampel auf Rot. Die Signale sind nicht nur körperlicher Art, wie Verspannungen, Schlafstörungen, Herzprobleme. Auch die Gefühle verändern sich. Von Hochstimmung ist im Verlauf dieses Prozesses immer seltener etwas zu spüren. Dagegen werden chronisch überlastete Menschen traurig, gereizt, übellaunig, zynisch, lethargisch. Signale, die uns warnen sollen. Spüren wir sie nicht, so laufen wir Gefahr, gesundheitlich Schaden zu nehmen.

Man kann vieles unbewusst wissen,
indem man es nur fühlt, aber nicht weiß.

Dostojewski

Oft geraten gerade die Menschen, die sich selbst nicht gut spüren können, in die Spirale der stetig steigenden Überlastung. Sie nehmen die vielen emotionalen Veränderungen nicht wahr. Das ist tragisch. Denn sie können nicht gut für sich sorgen, wenn es wichtig wäre. Sie wissen nicht, wie es ihnen geht, leugnen es vielleicht sogar und erkennen nicht, was sie jetzt wirklich dringend brauchen. Das Ende ist ein Burnout, eine Depression, eine psychische Überlastungsstörung. Es ist ein Zustand, den wir unserem ärgsten Feind nicht wünschen. Jeder, der das schon einmal erlebt hat, weiß das.

Auf Tuchfühlung mit sich selbst

Am besten ist es, wenn Sie in den guten und unproblematischen Zeiten damit anfangen, gut auf Ihre Gefühle zu achten, sie wahrzunehmen, sie zu benennen, auf ihre Signale zu hören. Dann merken Sie auch in den anderen Zeiten schnell, wie es Ihnen geht und was genau Ihnen fehlt oder auf Ihnen lastet. Dadurch können Sie noch rechtzeitig gegensteuern. Achtsamkeit ist der Schlüssel zu unseren Gefühlen. Achtsam und in Ruhe können wir uns am allerbesten spüren und unsere Gefühle wahrnehmen. Wer sich immer wieder einmal Ruhe dafür gönnt, kommt mit sich selbst in guten Kontakt.

Nutzen Sie beispielsweise die Ruhe des Morgens nach dem Aufwachen. Springen Sie nicht direkt aus dem Bett, wenn der Wecker klingelt. Greifen Sie nicht sofort zum Smartphone. Alle SMS, Mails und Infos sind auch später noch da. Bleiben Sie noch ein paar Minuten liegen. Machen Sie dann vielleicht das Fenster weit auf und kuscheln Sie sich noch einmal in Ihre Decke. Nehmen Sie genussvoll die frische Luft wahr. Spüren Sie die Stimmung des beginnenden Tages. Atmen Sie ein paar Mal gleichmäßig ein und aus und spüren Sie, wie Ihr Körper darauf reagiert. Spüren Sie aufmerksam Ihren Körper. Mit welchen Körperstellen liegen Sie auf der Matratze auf? Spüren Sie Ihre Körperwärme? Wo sind vielleicht Verspannungen? Wo fühlen Sie sich absolut locker? Tut irgendwo etwas weh? Juckt, zwickt, brennt an irgendeiner Stelle etwas? Streicheln Sie Ihren Körper und spüren Sie, wie sich die Haut anfühlt. Gehen Sie in Tuchfühlung mit sich selbst. Seien Sie ganz bei sich und nehmen Sie achtsam alles wahr, angenehme Empfindungen ebenso wie unangenehme. Lassen Sie alles einfach zu, ohne es im Moment verändern zu wollen. Nehmen Sie es nur wahr. Seien Sie in absoluter Ruhe achtsam. Genießen Sie sich und den Moment. Freuen Sie sich über die gewonnene Energie, wenn Sie dann aufstehen.

Es ist schön, sich selbst einfühlsam spüren zu können! Und noch etwas. Je intensiver Sie sich empathisch wahrnehmen können, desto intensiver können Sie anderen Menschen emotional begegnen. Auch das ist schön und bereichernd, nicht nur für den anderen, auch für Sie selbst. Daraus entsteht zwischenmenschliche Nähe. Was gibt es Schöneres, als einem anderen Menschen wirklich einfühlsam nah sein zu können?

Der Reichtum des Lebens

Mit einem Morgenritual ist es aber nicht getan. Es braucht mehr, um empfindsam und voller Gefühl und Empathie leben zu können. Dazu müssen wir uns tagtäglich auf das Leben einlassen. Vor allem unsere Erfahrungen und unser Erleben bringen uns unseren Gefühlen näher.

Wir leben in einer Zeit, in der wir allein wegen des gigantischen Angebots jederzeit Gefahr laufen, uns in Informationen, Analysen, virtuellen Unterhaltungen, Geschichten etc. verlieren. Wir verbringen immer mehr Zeit in Umgebungen, die nichts mit realem Leben zu tun haben. Selbst Sex wird virtuell praktiziert: ein extremer Ausdruck seelischer und körperlicher Verarmung, meine ich. Kein Bildschirm der Welt kann das Spüren eines anderen Körpers ersetzen.

Wesentlich für unsere Entwicklung und Entfaltung ist aber eigenes Erleben und Erfahren.

Das liefert das Internet nicht! Durch lebendige Erfahrung lernen wir dazu. Wie bei Kindern: Eltern können ihren Kindern alle Gefahren der Welt erklären, sie davor warnen und ihnen Verhaltensregeln mit auf den Weg geben. Tatsächlich lehrt erst der empfundene Schmerz blutiger Knie, dass weniger »Speed« auf dem Fahrrädchen in manchen Situationen vielleicht sinnvoller ist. Tatsächlich ist erst der empfundene Schmerz der vielzitierten heißen Herdplatte ausschlaggebend für mehr Vorsicht. Tatsächlich lehrt erst der Schmerz des ersten Liebeskummers, dass Liebe kommt und auch wieder geht. Kein psychologischer Text, kein vor Herzschmerz triefender Roman, kein Kinofilm oder Video kann diese Erfahrung ersetzen. Was Liebeskummer ist, wissen wir erst, wenn wir ihn wirklich erlitten und erlebt haben.

Erfahrungen müssen wir machen!

Auch an den negativen Erfahrungen, die das Leben für uns bereithält, können wir wachsen, uns entwickeln und reifen. Es kann sich verdammt gut anfühlen, wenn man das berühmte Tal der Tränen durchschritten hat und endlich wieder Neues in sein Leben integriert hat. Neues, das sich nicht entwickelt hätte, wenn wir nicht auch Schmerz,

Verlust, Umbrüche oder Schicksalsschläge erlebt und die Empfindungen zugelassen hätten.

Gefühle wollen erlebt werden. Die unangenehmen Gefühle zu durchleben, heißt, schwierige Situationen wirklich zu verarbeiten. In mein Coaching kommen manchmal Menschen, die zum wiederholten Mal in eine äußerst belastende Situation geraten sind. Sie erzählen meist, dass sie das schon kennen. Die letzten Male hätten sie aber hinter sich und da seien sie drüber weg.

Eben! Sie sind nur drüber weg gegangen. Sie haben die emotionale Verarbeitung nicht zugelassen und versucht, allein über den Verstand das belastende Ereignis abzuschließen. Sie haben ihre Situation auf einer ausschließlich logisch-analytischen Ebene verarbeitet. Das reicht nicht. Erst die durchlebten Gefühle sichern eine tiefe Verarbeitung. So, dass die Situation am Ende wirklich akzeptiert und losgelassen werden kann. Ich wiederhole es: Gefühle wollen erlebt werden. Nur dann kann ich mich von ihnen lösen. Wer dagegen belastende Emotionen allein mit dem Verstand loswerden will, riskiert, dass sie im Unbewussten weiter ihr Unwesen treiben. Sie kommen wieder hoch und missliche Situationen wiederholen sich.

Das pralle Leben mit all seinen Facetten macht empfindsam, empathisch und eben auch sensibel sich selbst gegenüber. Wenn Sie wirklich wachsen und sich entfalten wollen, dann leben Sie das Leben in vollen Zügen. Und erwarten Sie dabei nicht nur den Weichspülgang. Das Leben kann auch rau, gefährlich und anstrengend sein. Das gehört nun einmal zum Reichtum des Lebens. Und das macht nichts. Das halten Sie aus. Am Ende steuern Sie sich mit viel Selbstempathie gut wieder in ruhigeres Fahrwasser.

∞ Fallbeispiel: Das Gefühlstagebuch

Ich habe immer wieder Klienten, die aufgrund besonderer Herausforderungen in ihrem Leben den einfühlsamen Bezug zu sich selbst und ihrem Gefühlsleben verloren haben. Sie spüren nicht, wie es ihnen in all dem Alltagswahnsinn geht.

So auch eine Klientin, die im Alter von 46 Jahren zu mir kam. Sie ist Rechtsanwältin, verheiratet und hat zwei Töchter im Pubertätsalter. Die Klientin stand vor einer schwierigen beruflichen Entscheidung. Sie war bisher in einer großen Kanzlei beschäftigt und hatte dort die Perspektive, Partnerin zu werden. Gleichzeitig hegte sie seit langem den Wunsch, sich aus dem Stress und Druck, wie er in dieser großen Kanzlei vorherrschte, zu lösen und sich selbständig zu machen. Ihre Gedanken drehten sich immer wieder im Kreis. Alle Überlegungen, Auflistungen von Für und Wider, alle Gespräche mit Freunden und ihrem Mann hatten ihr keine Klarheit gebracht. Sie wusste nicht, wie sie sich entscheiden sollte.

Schon nach der ersten Sitzung vermutete ich, dass sie mehr als die logisch-analytische Betrachtung brauchte. Sie suchte förmlich danach, ihr Bauchgefühl einzubeziehen, hatte aber keinen Zugang dazu. Zu sehr war sie von ihrem Kopf gesteuert.

Im weiteren Verlauf stellte sich heraus, dass sie auch in ihrer Ehe und im Umgang mit ihren Kindern wenig emotional war. Das hatte zu zunehmenden Spannungen geführt. Aussprüche ihrer Kinder wie »Mensch Mama, sei doch mal locker!« oder »Du immer mit deinen Analysen!« führten meist zu unschönen Diskussionen. Ihr Mann konfrontierte sie mit Aussagen wie »Wenn du so weitermachst, bist du bald eine erfolgreiche, aber verhärmte Frau!« oder »Ich vermisse die fröhliche und sinnliche Frau, in die ich mich mal verliebt habe«. Meine Klientin reagierte abwehrend und verteidigte sich mit »Wie soll ich denn locker, fröhlich, sinnlich sein, wenn ihr alle immer auf mir rumhackt?«, »Wenn ihr auch nur einen Tag meinen Job machen würdet, würdet ihr nicht mehr so reden!« oder »Wenn ihr mich mehr unterstützen würdet, könnte ich anders sein!«.

Sie merkte nicht, dass sie selbst der Schlüssel zu Klarheit und Entlastung war und sie ihre Situation nur durch sich selbst und nicht durch Argumente verändern konnte. Sie machte andere verantwortlich für ihr Befinden, ohne es selbst überhaupt benennen zu können.

Nach einer Hinführung zu diesem Themenbereich bot ich ihr an, sich selbst ein wenig besser kennenzulernen. Ich bat sie um Erlaubnis, mit ihr das Coaching an einem ungewöhnlichen Ort fortzusetzen. Ich erläuterte ihr, dass ich damit erreichen wolle, sie wieder näher mit ihren Gefühlen in Verbindung zu bringen. Sie willigte ein.

Wir verabredeten uns in einem Café an einem belebten Ort in der Stadt. Ein Café ist ein Ort des ungezwungenen Gesprächs. Es geht dort locker zu. Auch die Klientin ließ sich von dieser Atmosphäre anstecken.

Ich lud sie ein, gemeinsam mit mir Menschen zu beobachten. Eine Übung, die großen Spaß macht. Ich stellte ihr dabei Fragen: Was denken Sie, wie es der Frau/dem Mann dort drüben gerade geht? Wie fühlt sie/er sich wohl gerade? Was, meinen Sie, hat sie/er heute erlebt? Wenn Sie ihr/sein Gesicht sehen, welche erlebten Geschichten spiegeln sich darin wider? Welche Gefühle erzählt sein Gesicht? Wie glücklich ist dieser Mensch Ihrer Meinung nach?

Über die Beschäftigung mit der Befindlichkeit anderer und fremder Menschen führte ich meine Klientin vorsichtig zur Wahrnehmung auch von eigenen Gefühlen. Über den Umweg mit fremden Menschen gelingt es im ersten Schritt meist leichter, als direkt bei sich selbst schauen zu müssen.

Als Nächstes bat ich sie, sich zu erinnern, ob sie die bei diesen fremden Menschen aufgespürten Gefühle auch schon einmal bei sich erlebt hatte. Wann genau und wobei war das? Wie fühlen Sie sich jetzt im Moment, wenn Sie sich daran erinnern? Was löst das empathische Beobachten anderer Menschen bei Ihnen aus? Welche Gefühle spüren Sie gerade?

Als »Hausaufgabe« empfahl ich ihr, ein Gefühlstagebuch zu führen und es zum nächsten Mal mitzubringen. Jeweils einmal morgens, vormittags, nachmittags und abends sollte sie für einen Moment innehalten und Folgendes für die Situation festhalten:

- wertfreie Beschreibung der momentanen Situation
- Welche Gedanken gehen mir gerade durch den Kopf?
- Welche Gefühle lösen meine Gedanken aus?
  Wie geht es mir gerade?
- Was brauche ich momentan? Was ist mir jetzt wichtig?

Zwei Beispiele aus ihrem Tagebuch:

- Morgens beim gemeinsamen Frühstück mit meinem Mann.
- Er könnte mich ruhig mal fragen, was ich heute alles vor mir habe, anstatt schweigend die Zeitung zu lesen.
- Ich bin ärgerlich, enttäuscht, frustriert.
- Ich wünsche mir mehr Anteilnahme an meinen Themen.
- Abends bei der Heimkehr aus der Kanzlei. Die Kinder haben Besuch. Das Haus ist voll, laut und unruhig. Alle wollen etwas von mir.
- Warum kann ich nicht erst einmal in Ruhe zuhause ankommen? Ich möchte doch nur erstmal abschalten vom anstrengenden Tag.
- Ich bin gestresst, gereizt und leicht aggressiv.
- Ich brauche eine ruhige halbe Stunde, die nur mir gehört, um vom Tag »runterzufahren«. Ich brauche ein wenig Respekt vor den Anstrengungen meines Tages und meinem Bedürfnis erstmal in Ruhe abzuschalten.

Schritt für Schritt lernte meine Klientin wieder ihre Gefühle kennen und lernte, sie zuzulassen, zu zeigen und nach und nach darüber und über ihre Wünsche und Bedürfnisse zu sprechen. Sie fühlte sich wieder wohl in ihrer Haut und war entspannter. Die familiäre Situation wurde lockerer und ihr Mann signalisierte ihr immer häufiger, dass er sie liebte und begehrte. Das war das wohl schönste Feedback für ihre Veränderung.

Am Ende konnte sie auch eine klare Entscheidung für ihren weiteren beruflichen Weg treffen. Eine Entscheidung, die sich für sie stimmig und gut anfühlte.

Fragen, die Sie sich stellen können

- Was empfinde ich, wenn ich meine momentane Lebenssituation beschreibe?
- Wo ordne ich mich auf einer Verhaltensskala von 0 – für logisch-analytisch – bis 10 – für emotional – momentan ein?
- Was waren meine stärksten emotionalen Erfahrungen?
- Wie sensibel bin ich für die emotionalen Signale meines Körpers?
- Wann war ich das letzte Mal fröhlich, ausgelassen, verliebt, glücklich, lebendig, ausgeglichen, entspannt, bewegt, gerührt? Wie habe ich darauf reagiert?
- Wann war ich das letzte Mal ärgerlich, wütend, zornig, sauer, traurig, verletzt, gestresst, ängstlich, unsicher, aufgeregt? Wie habe ich darauf reagiert?

⟋ Anregung zur Selbstreflexion
Was ich denke und fühle

Nehmen Sie sich immer wieder einmal ein paar Minuten Zeit und halten inne. Spüren Sie nach, was Sie gerade jetzt denken und fühlen.

Welche Gedanken gehen mir gerade durch den Kopf? Was denke ich gerade jetzt? Welche Gefühle lösen meine Gedanken aus? Wie geht es mir? Wie wohl fühle ich mich gerade? Wie fühle ich mich an diesem Ort, in diesem Raum, in dieser Situation? Wie fühle ich mich mit und in meinem Leben? Wo ordne ich mich auf einer Skala von 0 – für unglücklich – bis 10 – für glücklich – ein? Wenn meine Gefühle sprechen könnten, was würden sie in diesem Moment sagen?

Halten Sie Ihre Eindrücke fest. Vergleichen Sie nach einer Weile Ihre Notizen. Schwanken Ihre Gefühle stark? Welche Ursachen vermuten Sie? Was leiten Sie daraus für sich ab? Welche Veränderungen stellen Sie im Verlauf fest? Welche Gefühle entdecken Sie erstmalig bei sich? Wie geht es Ihnen damit? Welche Schlüsse ziehen Sie daraus?

Notieren Sie auch diese Gedanken.

▣–▣ Übung: Meditative Gefühlsbeschreibung

Meditation ist eine Form der höchsten Achtsamkeit. Ziel ist, alle momentanen Gefühle, Gedanken und Körperempfindungen zuzulassen und ohne wertendes Urteil anzunehmen.

Sie müssen nicht gleich die Meisterschaft erreichen. Es geht nur darum, in absoluter innerer Achtsamkeit wahrzunehmen, was gerade in Ihnen vorgeht. Alles, egal ob unangenehm oder angenehm. Beobachten Sie, ohne ein Urteil zu fällen. Alles ist erlaubt, auch Gedanken, die Sie sich normalerweise nicht gestatten, weil Sie sie als unklug, verletzend, unmoralisch oder unangemessen bewerten. Lassen Sie alles zu.

Es geht also nicht darum, möglichst wenig zu denken und möglichst wenig zu fühlen. Ganz im Gegenteil! Nehmen Sie sich ein paar Minuten, in denen Sie sich intensiv wahrnehmen und bewusst alle Gedanken, Gefühle und Körperempfindungen zulassen.

Wenn Sie diese Übung regelmäßig praktizieren, werden Sie bald weit mehr spüren, empfinden, fühlen und wahrnehmen als bisher. Plötzlich kommen Gedanken und Gefühle auf, von denen Sie eventuell bisher noch gar nicht wussten, dass Sie sie haben.

Beschreiben Sie jede Wahrnehmung zunächst sachlich und wertfrei. Beispielsweise so:

Da ist gerade Angst, da ist ein Kribbeln in der Wade, da ist Wärme.

Formulieren Sie Ihre Gedanken zunächst ohne Bezug zu Ihrer Person. Diese distanzierte Beschreibung nimmt den unangenehmen Gefühlen ihre Bedrohlichkeit. So trauen Sie sich in einem ersten Schritt, auch Gefühle zulassen und intensiv zu spüren, die Sie im Alltag häufig verdrängen. Wenn Sie sich schwertun, überhaupt Gefühle zu benennen, darf erst auch einmal nur Leere da sein.

Im nächsten Schritt wenden Sie sich Ihrem Körper zu. Wie fühlt sich die Angst, das Kribbeln, die Wärme oder auch die Leere körperlich an? An welcher Stelle des Körpers spüren Sie sie? Welche Gefühle werden dadurch ausgelöst?

Der Körper ist die Verbindung zwischen unseren Gedanken und Gefühlen. Wenn wir beschreiben, welche Körperreaktionen auf einen Gedanken folgen, bringt uns das unseren Gefühlen näher. Gefühle, Gedanken und körperliche Reaktionen haben immer eine Berechtigung, einen Nutzen und ein Ziel. Gerade die unangenehmen Gefühle erhalten in der meditativen Innenschau ihren Raum, den wir ihnen im Alltag oft versagen.

Es kann und darf auch der Gedanke aufkommen, dass die Meditation »Quatsch" ist und »nichts bringt". Auch hier beschreiben Sie den Gedanken und spüren danach in Ihren Körper. Welche Gefühle begleiten den Gedanken und wo sind diese körperlich verortet? Die körperlichen Empfindungen lenken Sie zu den Gefühlen, die hinter diesen Gedanken verborgen sind, beispielsweise Hilflosigkeit, Angst, Unsicherheit, Skepsis.

Sie können diese Übung als tägliches Ritual nutzen. Sie können sie auch zwischendurch machen, um beispielsweise einem ersten Ärger-Impuls nicht zu folgen. Das bietet die Chance, einen Moment innezuhalten, sich selbst empathisch zu begegnen und in Ruhe zu entscheiden, welche Reaktion zielführend und sinnvoll ist. Probieren Sie es aus und testen Sie, ob es Ihnen hilft, sich selbst und Ihre Gefühle differenzierter wahrzunehmen. Möglicherweise geraten Sie weniger als bisher in Konflikte und Streitgespräche. Allein das lohnt einen Versuch.

👀 Abschied vom schlechtem Gewissen

Eine Geschichte zur Bedeutung von Selbstempathie

Wie wichtig es gerade in belastenden Zeiten ist, sich selbst empathisch zu spüren, um gut für sich sorgen zu können, das hat eine Freundin erlebt. Sie war 41 Jahre alt, verheiratet, Mutter von zwei Kindern und beruflich als Teilzeit-Angestellte in der Verwaltung ihrer Heimatstadt tätig. Diese Freundin hatte eine an Demenz erkrankte Mutter, die in einem Pflegeheim versorgt wurde. Sie hatte kein gutes Verhältnis zu ihrer Mutter. Dennoch fühlte sie sich verantwortlich, sie so oft wie möglich im Pflegeheim zu besuchen und sich um sie zu kümmern. Fast jeden Tag verbrachte sie nach Arbeitsschluss mehrere Stunden dort. Danach hetzte sie sich ab, um schnell noch die Versorgung ihrer Kinder, Einkäufe und sonstige häusliche Aufgaben zu erledigen. Irgendwann am späteren Abend fühlte sie sich nur noch abgespannt und ausgelaugt. Sie wurde gereizt und es kam immer häufiger auch zu Streit mit ihrem Mann und ihren Kindern.

Meine Freundin war angetrieben von ihrem schlechten Gewissen. In ihrem Kopf waren Gedanken wie »Ich muss mich kümmern. Schließlich ist es meine Mutter«, »So ist es nun einmal, wenn Eltern alt und pflegebedürftig werden. Schließlich war sie früher auch immer für uns Kinder da. Da kann sie erwarten, dass ich jetzt für sie da bin« oder »Andere kriegen das auch hin. Da werde ich es wohl auch schaffen, mich um meine Mutter zu kümmern«. Alles drehte sich nur um die Mutter. Ihre eigenen Gefühle waren nebensächlich. Sie funktionierte nur noch. Dabei ging es ihr immer schlechter.

Bis sie dem Rat einer besorgten Freundin folgte, und an einem Informationsabend für Angehörige von Pflegebedürftigen teilnahm. Die Referentin thematisierte, wie wichtig es ist, dass die Angehörigen gut für sich selbst sorgen und immer wieder ein gesundes Wechselspiel von Engagement und auch persönlichem Abstand und Rückzug praktizieren. Sie erklärte ihre Empfehlung anhand eines Zitates des griechischen Philosophen Antisthenes. Er soll darüber, wie man sich im politischen und gesellschaftlichen Handeln verhalten soll, gesagt haben: »Wie zum Feuer. Nicht zu nah, damit man nicht anbrennt, nicht zu fern, damit man nicht friert.« Die Referentin erläuterte, dass es genauso auch mit dem Engagement für pflegebedürftige Angehörige sei. Wer sich andauernd und über die eigenen Belastungsgrenzen hinweg einsetzt, der gefährdet seine Gesundheit. Über kurz oder lang läuft er Gefahr auszubrennen und wird selbst Fürsorge bedürftig. Es sei wichtig, das geeignete Maß zu finden. Das Maß, sich so zu kümmern, dass dennoch Energie bleiben kann.

Meiner Freundin wurde klar, dass sie auf sich selbst und ihre dringende Regeneration besser als bisher achten müsse. Empathie für die Mutter würde sie weiterhin nur aufbringen können, wenn sie sich empathisch auch um ihr eigenes Wohl kümmert. Und zwar ohne schlechtes Gewissen. Sie erkannte, dass sie lernen muss, sich mit gutem Gewissen regelmäßig Abstand und Zeit für sich selbst zu nehmen. Sie erkannte auch, dass mit gutem Gewissen »Ja« zu sich selbst und den eigenen Bedürfnissen zu sagen, nicht bedeutet, gewissenlos und egoistisch zu sein. Empathisch mit sich selbst umzugehen, war eine völlig neue Erfahrung für sie. Sie hatte gelernt, es anderen recht zu machen, für sie da zu sein und sich selbst nicht so wichtig zu nehmen.

An diesem Abend machte sie viele neue Erfahrungen und nahm wichtige Inspirationen mit nach Hause. Sie bekam einen ersten Eindruck davon, wie hilfreich es ist, sich gut spüren zu können. Sie erkannte, dass sie über ihre Gefühle, angenehme ebenso wie unangenehme, ihren Bedürfnissen auf die Spur kommen kann. Das war ihr bisher nicht bewusst gewesen.

Die Referentin gab wichtige Hinweise, wie sie bei unguten Gefühlen für die eigene Entlastung sorgen kann. Sie betonte, dass die Angehörigen sich Auszeiten nur für sich selbst und ihr Wohlergehen nehmen dürfen. In diesen Zeiten sollten sie sich immer wieder etwas Gutes tun. Etwas, wobei sie sich rundum wohlfühlen. Was das sein könnte und wie sich Wohlfühlen anfühlte, das wusste meine Freundin schon lange nicht mehr.

Die Referentin leitete die Teilnehmer mit alltagstauglichen Übungen an, wie sie sich selbst und ihre Gefühle empathisch wahrnehmen können. Eine Übung hat meiner Freundin besonders gut gefallen: ein sogenannter Bodyscan. Dabei wird der ganze Körper von den Fußspitzen bis zum Scheitel gedanklich »gescant« und erspürt, wie sich die Körperregionen im Moment anfühlen. Ohne jede Bewertung und ohne Zwang zu Entspannung. Einfach nur spüren, wie sich der Körper jetzt gerade in dem Moment zeigt. Eine Übung, die meiner Freundin half, achtsam auf die Signale ihres Körpers zu hören. Denn der Körper sendet frühzeitig sehr kompetent Signale, wenn wir uns zu viel zumuten. Meine Freundin macht diese Übung seither jeden Morgen nach dem Aufwachen.

Meiner Freundin wurde an diesem Abend bewusst, dass sie sich schon lange überfordert hatte. Sie empfand es als große Erleichterung, dass die Referentin den Angehörigen »erlaubte«, sich selbst und die eigenen Gefühle und Bedürfnisse ernst zu nehmen. Sie hatte sich das bisher nicht getraut. Und nun merkte sie, wie erleichternd es war, sich auch um sich selbst fürsorglich zu kümmern. Das befreite sie von ihrem schlechten Gewissen. Sie erlaubte sich, ihre Besuche bei der Mutter zu reduzieren und gönnte sich stattdessen regelmäßig freie Abende. An diesen Abenden tat sie nur, was ihr guttat und wobei sie sich rundum wohlfühlte. Wie gut das tut, das hatte sie beinahe völlig vergessen.

Sie legte eine Liste an, auf der sie immer dann, wenn sie einen Gedanken wie »Ich würde gerne mal wieder …« hatte, aufschrieb, was ihr gerade einfiel. Und sie machte an ihren freien Abenden immer wieder etwas, das sie auf der Liste notiert hatte. Mal war es eine wohltuende Massage. Mal verbrachte sie einen entspannten Abend mit ihrem Mann. Ein anderes Mal ging sie früh schlafen. Oder manchmal entschied sie sich auch ganz bewusst, einmal gar nichts zu machen. Etwas, was sie sich früher nie erlaubt hätte. Und sie stellte fest, dass es gerade diese nur vermeintlich vertane Zeit ist, die eine besonders wohltuende und stärkende Wirkung haben kann.

Was auch immer, sie nahm ihre eigenen Gefühle erstmalig wirklich wahr und sorgte einfühlsam für sich selbst. Ihre gesamte Situation entspannte sich. Selbst die Besuche bei ihrer Mutter konnte sie wieder ein wenig genießen.

Kapitel 5
Selbstsicherheit

Ich bin mutig, klar und weiß, was ich brauche

Neulich auf einem Spielplatz: Ein kleines Kind wird von der Mutter aufgefordert, das Sandspielzeug einzupacken. Es sei Zeit, jetzt nach Hause zu gehen. Das Kind stampft trotzig mit dem Fuß auf und sagt klar, dass es noch weiterspielen möchte und überhaupt noch nicht nach Hause will. Die Situation eskaliert. Die Mutter, nach einem anstrengenden Arbeitstag müde, wird immer ungeduldiger, das Kind reagiert darauf mit noch mehr Trotz und setzt alles daran, seinen Willen durchzusetzen und weiterspielen zu dürfen.

Warum schildere ich das hier?

Kindliche und natürliche Selbstsicherheit

Das Kind zeigt Selbstsicherheit in Reinform, wenn auch – was dem Alter entsprechend gesund und normal ist – ausschließlich impulsgesteuert. Vielleicht wundern Sie sich jetzt: Selbstsicherheit verbinden die meisten Menschen mit anderen Merkmalen als die des Kindes. Natürlich verhalten wir uns als Erwachsene in aller Regel nicht mehr impulsgesteuert. Dennoch geht es bei Selbstsicherheit auch darum.

Selbstsicherheit ist die Fähigkeit im sozialen Kontext, so zu handeln und aufzutreten, dass die eigenen Bedürfnisse, Wünsche, Werte und Rechte befriedigt werden.

Das Kind in dem obigen Beispiel drückt also – gemäß der Definition – durchaus Selbstsicherheit aus. Und als selbstsichere Erwachsene kennen wir ebenfalls genau unsere Bedürfnisse, Wünsche, Werte und Rechte. Einer erwachsenen Entwicklungsstufe entsprechend, setzen wir sie allerdings nicht länger impulsgesteuert, sondern maßvoll aber bestimmt durch – wenn wir denn selbstsicher sind.

Teils notwendigerweise, teils zu unserem Leidwesen erfahren und erleben wir früh Einschränkungen des kindlichen selbstsicheren Verhaltens: *»Lass das, das ist gefährlich!«; »Nein, du darfst den kleinen Jungen nicht mit der Schaufel schlagen.«; »Bei Rot bleibst du stehen, immer!«; »Das tut man nicht!«, »Das gehört sich nicht!«, »Das ist nicht vernünftig!«, »So geht das nicht!!«, »Was sollen denn die anderen denken?«, »Jetzt sei lieb!«* Und ähnliche Sätze begleiten uns durch die Kindheit und Jugend beim Erwachsenwerden.

Diese Leitsätze prägen uns und sie begrenzen die natürliche Selbstsicherheit. Wir verlernen, unsere eigenen Wünsche und Bedürfnisse ernst zu nehmen. Das kann so weit führen, dass wir sie irgendwann fast nicht mehr kennen, wenn wir uns zu sehr und über notwendige Gebote hinaus äußeren Normen unterwerfen. Es geht dann nicht mehr um uns. Es geht um die Bedürfnisse anderer.

Ich sprach von natürlicher Selbstsicherheit deshalb, weil alle Menschen ein Grundbedürfnis nach Sicherheit haben. In seiner elementaren Form ist es das Bedürfnis nach Sicherheit vor Gefahr und Bedrohung, nach körperlicher Unversehrtheit und nach existenzieller Sicherheit. Dazu gehört aber auch das Bedürfnis nach einer inneren Sicherheit, die aus uns selbst kommt. Eine Sicherheit aus dem klaren Wissen, was uns wichtig ist.

Diese Selbstsicherheit ist bei vielen Menschen gering ausgeprägt. Stattdessen schaffen sie sich eine vermeintliche Sicherheit aus dem Außen. Sie streben nach einem festen Job mit einem kalkulierbaren Einkommen, nach Haus und sozialem Status, nach beruflicher Karriere, nach einer festen Beziehung, nach einem klar strukturierten Tagesablauf. All das soll Halt und Sicherheit geben.

Der Wunsch danach ist verständlich, sinnvoll und nützlich. Doch durch diese Dinge wird er nicht erfüllt.

Die Illusion von Sicherheit

Äußeren Faktoren wie ein fester Job oder sozialer Status sind nur bedingt durch uns selbst kontrollierbar. Sie werden zunehmend fragil und sind oft unbeeinflussbar. Wir können die allgemeine Wirtschaftslage nicht steuern. »Sichere Geldanlage« klingt wie ein Widerspruch in sich selbst. Jobs werden immer unsicherer und 50-jährige Firmenjubiläen, Firmen, deren Lebensdauer länger als ein Arbeitsleben ist, werden immer seltener. Karrieren sind nicht geradlinig und planbar. Beziehungen scheitern, Ehen zerbrechen.

Die Liste kann fortgesetzt werden.

Sicherheit ist etwas anderes.

Tatsächlich kann Sicherheit nur aus dem Inneren jedes Menschen kommen. Sich seiner selbst sicher sein. Erst diese Sicherheit gibt uns die innere Stärke, flexibel mit den zunehmend unsicheren Aspekten des Lebens umgehen zu können. Es bedeutet, dass wir losgelöst von äußeren Erwartungen und Zwängen entscheiden können. Es bedeutet, dass wir uns frei machen von der illusorischen Sicherheit der vielen »nur« materiellen Dinge.

Sichersein unterscheidet sich von Abgesichertsein!

Dazu brauchen wir die Sicherheit, zu wissen, was richtig und wichtig für uns ist. Sind wir uns darüber klar, können wir selbstsicher gute Entscheidungen treffen. Auch unter unsicheren Rahmenbedingungen. Dann können wir erspüren, was gut für uns ist. Auch, wenn alles gerade nicht gut ist. Dann können wir Risiken abwägen und uns bewusst und sicher selbst entscheiden, ob wir den Preis für eine der Alternativen zahlen wollen. Weil letztlich alles einen Preis hat, ist es wichtig, genau zu wissen, welcher für uns tragbar ist. Dann werden die Risiken und Unwägbarkeiten einer Situation erträglich. Erträglich, weil wir sie selbstsicher und eigenverantwortlich frei gewählt haben. Dafür brauchen wir Klarheit über unsere Bedürfnisse, Wünsche und Werte. Über das, was uns elementar wichtig ist. So wichtig, dass wir eben auch bereit sind, den Preis dafür zu zahlen.

Selbstsicherheit bietet Freiheit

Dies möchte ich an einem eigenen Beispiel erläutern: Ich bin seit vielen Jahren selbständig. Das birgt existenzielle Risiken. Die Auftragslage unterliegt Schwankungen. Es gibt Momente, wo mir eine Angestelltentätigkeit mit einem verlässlich kalkulierbaren Einkommen besser erscheint. Mein Bedürfnis nach Sicherheit meldet sich.

Im gleichen Augenblick meldet sich ein ziemlich unbehagliches Gefühl in der Magengrube. Beim genauen Hineinspüren merke ich, dass sich da meine zwei anderen, mir ganz wichtigen Bedürfnisse melden. Das Bedürfnis nach Unabhängigkeit und das Bedürfnis nach Freiheit. Chefs passen für mich nicht dazu.

Freiheit und Unabhängigkeit scheinen nicht gerade kompatibel mit dem Bedürfnis nach Sicherheit zu sein. Und schon entsteht ein Dilemma. Was mache ich im Fall eines attraktiven Jobangebots? Annehmen und Freiheit und Unabhängigkeit, wie ich sie meine, an den Nagel hängen oder ablehnen und das Bedürfnis nach Sicherheit nicht so wichtig nehmen? Weder das eine noch das andere fühlt sich richtig gut an.

Welche gute Entscheidung gibt es stattdessen? Wenn ich mich selbst dazu befrage, finde ich immer dieselbe Antwort. Ich bin mir selbst sicher, dass ich Sicherheit nicht nur über ein festes Einkommen spüren kann. Der Preis, abhängig und unfrei zu arbeiten, ist mir zu hoch. Das passt für mich nicht.

Ich finde meine Sicherheit stattdessen in mir selbst. Ich kenne meine Kompetenzen und vertraue darauf. Ich weiß, dass ich notfalls auch mit einem geringeren Lebensstandard glücklich sein kann. Und ich weiß, dass ich notfalls auch Plan B finden werde. Das gibt mir die Sicherheit, es immer schaffen zu können. Das macht es möglich, den Preis der Selbständigkeit, die existenzielle Unsicherheit, zu akzeptieren. Und zwar, ohne schlaflose Nächte zu bekommen.

Aus »Ich muss« wird »Ich möchte«

Auch im Coaching erlebe ich häufig Klienten, die nicht wissen, was sie wirklich brauchen, was ihnen wichtig ist. Viele kommen, weil sie nur noch funktionieren, Pflichten erfüllen, immer schneller im Hamsterrad laufen und letztlich das Gefühl haben, dass das Leben an ihnen vorbeirauscht. Sie erleben sich im eigenen Leben nur in einer unbedeutenden und fremdbestimmten Nebenrolle. Sie wollen endlich ihre Hauptrolle im Leben finden. Eben das, was wichtig ist, den eigenen roten Faden.

In der Arbeit mit diesen Klienten geht es um dieselben Fragen wie in meinem eigenen Beispiel. Was ist mir gerade wirklich wichtig? Was kann ich, was muss ich jetzt tun, um es zu realisieren? Bin ich bereit den Preis dafür zu zahlen? Und bitte verstehen Sie mich nicht falsch: Es geht nicht darum, alles aus den Angeln zu heben und das Leben auf den Kopf zu stellen. Oft genug gibt es existenzielle oder familiäre Notwendigkeiten, die das unmöglich machen. Die Kinder sind beispielsweise noch in der Ausbildung. Für das eigene Unternehmen ist noch keine geeignete Nachfolge gefunden. Das Kümmern um einen pflegebedürftigen Angehörigen erfordert Zeit. Die Verantwortung der alleinerziehenden Mutter für ihr Kind hat Vorrang.

Ein Coaching, das das ignoriert, wäre unseriös.

Es geht in diesen Fällen darum, mit dem Klienten die Gründe zu finden, weshalb es für eine gewisse Zeit richtig und wichtig ist, die aktuelle Situation weiter fortzuführen und auszuhalten. Was gibt es Wichtigeres als den Wunsch nach sofortiger Selbstverwirklichung? Wichtiges, das den Preis der Fortführung des momentanen Lebens erträglich und annehmbar macht. Der Klient trifft selbstsicher und frei diese Entscheidung. Aus einem *»Ich muss. Punkt«* wird ein *»Ich möchte, weil ...«* Das fühlt sich leichter an, weil es stimmig ist, weil wir wissen, warum wir etwas tun, und weil wir uns dessen sicher sind, dass wir es tun möchten. Wir können aufhören, mit der momentanen Situation zu hadern und zu jammern. Dadurch wird wieder Energie frei. Energie für das Leben jetzt und vielleicht auch für neue Ideen für einen späteren Zeitpunkt im Leben.

Ich erinnere mich an einen Klienten, der in einer sehr belastenden beruflichen Situation war. Er konnte es kaum noch aushalten. Sein größter Wunsch war, so schnell wie möglich etwas ganz anderes zu machen. Etwas, bei dem er endlich zu sich selbst finden würde.

Er hatte zwei Kinder, die noch in der Ausbildung und im Studium waren. Da er kein prall gefülltes Konto hatte, musste ich mit ihm an Alternativlösungen arbeiten. Im weiteren Verlauf spürte er deutlich, dass das momentan Wichtigste für ihn die finanzielle Sicherung der Ausbildung und des Studiums seiner Kinder war. Er wollte unbedingt, dass sie in eine bessere berufliche Situation finden, als er sie hatte. Plötzlich war er sich sicher, dass er dafür noch ein paar Jahre in seinem Job aushalten wollte. Er war bereit, diesen Preis zu zahlen, und hörte auf, in seiner Freizeit mit sich und seiner Situation zu hadern und darüber zu jammern.

Seither beschäftigt er sich mit Dingen, die ihm Spaß machen, und entwickelt Ideen für die Zeit danach. Er hat großen Spaß daran, Fahrräder zu reparieren. So viel Spaß, dass er den Plan schmiedet, in ein paar Jahren eine kleine eigene Fahrradwerkstatt zu eröffnen.

Das Ja vor jedem Nein

Wir können in innerer Klarheit auch Ängste überwinden. Angst beispielsweise vor negativen Konsequenzen, weil wir nicht mehr sklavengleich funktionieren, sondern klar und deutlich Grenzen setzen können.

Grenzen zu setzen, ist nicht als Verweigerung zu verstehen. Im Gegenteil. Eine Klientin hat es einmal sehr schön formuliert: *»Ich habe gelernt, mit gutem Gewissen Nein zu sagen, weil ich mir selbst wichtig bin und ich meine Bedürfnisse ernst nehme. Ich setze mich für meine Bedürfnisse ein, nicht für die Bedürfnisse der anderen. Die Bedürfnisse der anderen achte und respektiere ich.«*

Das ist gemeint mit Grenzen setzen. Grenzen nicht gegen etwas oder jemanden, sondern Grenzen für sich selbst und die eigenen Bedürfnisse. Vor jedem Nein gegen etwas steht immer ein Ja für etwas. Je selbstsicherer ich mir über meine Bedürfnisse klar bin, desto klarer kann ich Ja dazu sagen, dafür eintreten und ein deutliches Nein gegenüber Störfaktoren und lästigen Mitmenschen formulieren. Damit steigt die Chance, verstanden und unterstützt zu werden. Auf jeden Fall steigt die Chance, das zu tun, was sinnvoll, gut und richtig in der jeweiligen Situation ist.

Bis wo sind Sie bereit, etwas zu akzeptieren, auch wenn es Ihnen möglicherweise nicht guttut? Wann wehren Sie sich, trotz des Risikos möglicher negativer Konsequenzen?

Bedürfnissen auf die Spur kommen

Für Selbstsicherheit im hier verstandenen Sinn ist es entscheidend, einen guten Zugang zu den eigenen Gefühlen zu haben. Damit befasste ich mich ausführlich im 3. Kapitel. Wer sich spüren kann und seine Befindlichkeit differenziert wahrnehmen und benennen kann, der kann seine Bedürfnisse und Wünsche aufspüren. Aufspüren bedeutet erspüren, spüren, erleben, empfinden, fühlen. Allein mit dem Verstand und durch Nachdenken kommen wir dem, was uns wichtig ist, nicht auf die Spur.

> *Wünsche sind Vorboten der Fähigkeiten,*
> *die in uns liegen.*
>
> *Goethe*

Ein Bedürfnis entsteht aus der Diskrepanz zwischen einem Sollwert und einem Istwert.

Diese Diskrepanz lässt sich nicht in Zahlen-Daten-Fakten-Logik erklären. Bedürfnisse sind unbewusst emotional verankert. Da ist unser geballter Erfahrungs- und Erlebensschatz mit allen zugehörigen erlebten Gefühlen mit im Spiel. Angenehme oder unangenehme Gefühle, je nachdem, wie wir etwas erlebt haben. Dieser Erfahrungsschatz ist viel zu groß, um in seiner Gesamtheit bewusst verfügbar zu sein. Er wirkt aber unbewusst auf unsere Bewertung aktueller Situationen. Und wir bewerten immer. Wir vergleichen unbewusst mit bereits Erlebtem und ordnen die aktuelle Situation ein in angenehm oder unangenehm, in sicher oder bedrohlich, in gut oder schlecht. Und dann verhalten wir uns entsprechend. Leider wählen wir in den als unangenehm bewerteten Situationen oft die Vermeidungsstrategie. Besser wäre, die dahinterliegenden Bedürfnissen zu ergründen und nach Strategien für ihre Erfüllung zu suchen.

Die unbewusst gespeicherten Gefühle sind so etwas wie eine Richtschnur für die Einordnung aktueller Geschehnisse. Auf Basis unserer Erfahrungen und der damit verbundenen Gefühle bewerten wir alles, was wir jetzt und in Zukunft erleben. So gelangen Teile des ins Unbewusste abgerutschten Erlebens wieder an die Oberfläche zurück. Wer aus der Erfahrung spüren und fühlen kann, der kann seinen Erlebensschatz nutzen, um Bedürfnisse zu klären. Sie sind mit unseren Erfahrungen und den damit erlebten Gefühlen gewachsen.

Das kennen Sie: Da ist plötzlich ein Gefühl, das uns aus der Vergangenheit vertraut ist. Ausgelöst von einem Geruch vielleicht, der uns an eine besondere Situation erinnert, zum Beispiel an gemütliche Stunden bei unserer Großmutter auf dem Sofa. Auf einmal ist diese in Vergessenheit geratene Situation wieder lebendig. Wir spüren wieder ganz genau, was uns so gutgetan hat. Fast so, als ob wir tatsächlich wieder neben ihr auf dem Sofa säßen. Wir denken nicht daran. Wir fühlen es plötzlich. Dann können wir anfangen, unseren Verstand zu Hilfe zu nehmen und Worte dafür zu finden. Erst dann sind wir in der Lage, das in diesem Fall erfüllte Bedürfnis zu benennen.

Vielleicht war es ein Bedürfnis nach Nähe, nach Vertrauen, nach Liebe, nach Wärme, nach Geselligkeit, nach Geschichten, nach Genuss, nach Angenommensein, nach Lachen, nach Austausch, nach Inspiration. Es können unendlich viele verschiedene Bedürfnisse dahinterstehen. Und es gibt gravierende Unterschiede zwischen all diesen Bedürfnissen. Wie bei Gefühlen auch gibt es weit mehr Bedürfnisse, als wir glauben. Auch hier gilt: Übung macht den Meister. Je häufiger Sie üben, über Ihre Emotionen zu klären, was Sie gerade brauchen, desto schneller können Sie auch in schwierigen Situationen gut für sich und Ihre Bedürfnisse sorgen. Sie können dann schnell auf den Punkt kommen und klar kommunizieren.

Wenn Sie also das nächste Mal die kleine Übung dazu aus Kapitel 3 machen und sich an drei Situationen des Tages und die damit verbundenen Gefühle erinnern, machen Sie gleich auch den nächsten Schritt. Finden Sie heraus, für welches Bedürfnis Ihre Gefühle stehen.

Das innere Navigationssystem

Wer darüber reden kann, was er braucht, will oder haben möchte, ist klar im Vorteil. Die Chance steigt, genau das zu bekommen. Das ist wie beim Navigationssystem im Auto. Dort muss ich eindeutig angeben, wie mein Ziel lautet. Dann wird mich das System zuverlässig dorthin leiten.

So wie für die angenehmen Gefühle funktioniert es auch mit unangenehmen Empfindungen. Über das Gefühl können wir die Diskrepanz, das Bedürfnis, zuerst spüren und dann darauf aufbauend erklären und am Ende in Worte fassen. Wir können dann dieses Bedürfnis klar und deutlich einfordern. Wir sprechen darüber, was wir brauchen, und nicht darüber, was wir nicht brauchen. Damit sprechen wir über Antworten auf wichtige Fragen. Fragen wie:

- Was will ich wirklich?
- Was ist mir jetzt gerade wirklich wichtig?
- Was brauche ich (jetzt)?

Die Antworten darauf wirken wie die in das Navigationssystem eingegebenen Zielkoordinaten. Wenn wir sie klar kommunizieren, können wir erreichen, was wir gerade dringend brauchen. Die Antworten lassen sich nicht durch Nachdenken alleine finden. Es muss sich gut anfühlen.

Stellen Sie sich ein Paar vor. Beide sind beruflich engagiert. Er ist häufig geschäftlich für ein paar Tage unterwegs. Wenn er zuhause ist, arbeitet er oft auch abends noch. Um bei all dem Stress gesund zu bleiben, fährt er regelmäßig nach Feierabend mit dem Rennrad. Zeit zu zweit verbringen die beiden nur noch wenig. Die Partnerschaft verkommt mehr und mehr zur Wochenend-Beziehung in routinierter Langeweile mit »Blümchen-Sex« am Samstag.

Die Frau ist mehr und mehr frustriert. Wie das sicher häufig in Beziehungen passiert, könnte sie den Frust lange in sich hineinfressen und nichts sagen. Ihre Laune wird immer übler und irgendwann platzt sie mit Aussagen heraus wie *»Immer musst du so viel arbeiten! Nie hast du Zeit für mich!«* oder *»So geht's nicht weiter! Du musst dir endlich mal wieder mehr Zeit für mich nehmen!«*. Den weiteren Verlauf kann sich jeder vorstellen. Ein gutes Ende wird es vermutlich nicht nehmen.

Stattdessen kann sie auch frühzeitig ihre sich verändernden Gefühle wahrnehmen und darauf basierend klären, was sie braucht, und dann darüber sprechen. Etwa so: *»In den letzten Wochen hast du fast jeden Abend auch zuhause noch bis spät gearbeitet. Du warst danach immer sehr müde. Wir hatten kaum Zeit miteinander. Es ist schon sehr lange her, dass wir etwas Schönes miteinander unternommen haben oder einfach nur zuhause schöne Stunden miteinander verbracht haben. Ich bin sehr traurig darüber und auch frustriert. Ich wünsche mir sehr, dass wir wieder mehr Zeit zusammen haben. Kannst du auch in der Woche wenigstens einen Abend frei halten nur für uns?«*

Unangenehme Gefühle sind der Indikator für eine Diskrepanz zwischen dem, was mir gerade wichtig ist, und dem, was gerade ist. Wird die Diskrepanz spürbar, kann der Verstand ergänzend hilfreich sein, um ganz genau heraus zu finden, was momentan in Not ist. Über Gefühl und Verstand erlange ich Klarheit über das, was gerade wichtig ist. Das, was gerade nicht ausreichend erfüllt ist. Das, worüber ich reden muss. Und wofür ich mich einsetzen muss. Das, wozu ich Entscheidungen treffen muss.

Vom Ich zum Wir

Das klingt nun alles vielleicht ziemlich egoistisch. Ist es aber nicht. Selbstsicherheit hat nichts mit Egoismus zu tun. Die eigenen Bedürfnisse, Wünsche und Werte ernst zu nehmen und maßvoll, aber bestimmt umzusetzen, ist erwachsenes Verhalten. Ein Verhalten, das soziale Verbindungen stärken und verbessern kann.

Wie ist das gemeint?

Nur wer sich seiner selbst sicher ist und sich und seine eigenen Bedürfnisse ernst nimmt, kann auch die Bedürfnisse der anderen Menschen respektieren und in seine Entscheidungen einbeziehen. Er unterwirft sich allerdings nicht blind vorgegebenen äußeren Normen und Erwartungen. Er berücksichtigt die Bedürfnisse und Erwartungen der anderen, ohne die eigenen zu verleugnen.

Das ist weit mehr, als die eigenen Bedürfnisse zu verwirklichen, ohne die der anderen zu verletzen. Das ist eine Haltung, die die Andersartigkeit anderer Menschen zulässt. Eine Haltung, die die eigene Art und Weise gleichberechtigt daneben stellt. Eine Haltung für selbstsichere Entscheidungen, die allen Beteiligten gerecht werden können. Nicht Schwarz-Weiß-Denken, sondern die vielen Farbstufen dazwischen bekommen Beachtung. Eine erwachsene Haltung, anders als die impulsgesteuerte kindliche Haltung: *»Wenn du nicht so spielst, wie ich es jetzt will, dann spiele ich nicht mehr mit dir!«*

Selbstsicherheit bietet die Chance für tolerante zwischenmenschliche Beziehungen. Beziehungen, die gar nicht egoistisch geprägt sind. Beziehungen, die frei von gegenseitigen Erwartungen sind und den anderen lassen, wie es für ihn wichtig und gut ist. Eben erwachsene Beziehungen, die individuelle Freiheit in der Gemeinschaft aushalten können.

So verstanden ist Selbstsicherheit nicht egoistisch.

Haben Sie keine Angst vor der eigenen Courage! Gehen Sie ab jetzt frei und selbstsicher Ihren eigenen Weg! Gewöhnen Sie sich das Einfordern von Bedürfnissen und Wünschen an!

ᴏᴏⵕ Fallbeispiel: Beruflicher Neuanfang

Eine Frau im Alter von 34 Jahren kam zu mir ins Coaching. Sie war in einem technischen Beratungsunternehmen angestellt. Sie war zielstrebig, ehrgeizig und galt als angenehme und vertrauenswürdige Kollegin. Alles schien in guten Bahnen zu sein.

Die Klientin konnte ihre scheinbar sorglose Situation nicht genießen. Sie hatte immer häufiger den Eindruck, am falschen Platz zu sein. Sie spürte immer deutlicher einen Drang nach beruflicher Veränderung. Nur wohin? Sie sah keine Alternativen für sich.

Ihre momentane Situation hatte sie nicht frei gewählt. Wie so häufig hatte sie nicht studiert oder gelernt, was zu ihr gepasst hätte. Stattdessen hat sie studiert, was ihre Eltern für richtig hielten. Sie hatten dabei nicht die Talente und Leidenschaften ihrer Tochter im Blick, sondern rieten ihr zu einer Studienrichtung, die gute Verdienstmöglichkeiten und einen sicheren Job zu versprechen schienen. Die Prognosen am Arbeitsmarkt waren wichtiger als die Wünsche der Tochter. Und so hatte meine Klientin Wirtschaftsingenieurwesen studiert.

Sie erinnerte sich, dass es in ihrer Familie nie um Wünsche und Bedürfnisse ging. Als erstrebenswert galt es, unauffällig und angepasst zu leben. Ein starres moralisches Gefüge aus Normen und Regeln gab den Rahmen.

Und so hatte meine Klientin nicht gelernt, ihre eigenen Wünsche zu verfolgen. Kindliche Aussagen wie »Ich will aber ...« wurden im Keim erstickt mit dem Spruch »Kinder, die etwas wollen, kriegen was auf die Bollen!«.

Auf die Frage, was denn am Ende unserer Coaching-Arbeit passiert sein müsse, damit sie sagen könne, dass es sich gelohnt habe, sagte meine Klientin: »Ich möchte wissen, was mir wichtig ist und was ich brauche, um eine gute Entscheidung für oder gegen einen beruflichen Neuanfang treffen zu können. Ich möchte mir selbst und meinen (beruflichen) Wünschen nähergekommen sein.

Bei solchen Fragestellungen arbeite ich gerne mit Bildern. Ich habe eine Sammlung von Kunstkarten, die ich mir über die Jahre aus den diversen Museen, die ich besucht habe, mitgebracht habe. Meist sind es Karten, auf denen eine bunte Szenerie mit verschiedenen Personen in unterschiedlichen Kontexten und Rollen zu sehen ist.

Mit meinen zielgerichteten Fragen können die Klienten über die Betrachtung der Bilder ihre bisher unbewussten Wahrnehmungsmuster, Bedürfnisse und Motive ergründen. Darüber bekommen sie Zugang zu ihren bisher unentdeckten Ressourcen. Die eigenen Gefühle und Bedürfnisse werden klarer. Es entstehen Vorstellungen und Ideen davon, wie das eigene Leben neu und anders gestaltet werden kann. So entsteht ein Bild vom Leben, das im Einklang mit den eigenen Wünschen, Bedürfnissen und Talenten ist. Bilder ermöglichen es, das eigene Leben auf ungewöhnliche Weise zu betrachten.

Für meine Klientin ergaben sich über diese Arbeit tatsächlich neue und überraschende Erkenntnisse. Sie entdeckte, dass sie eine große Leidenschaft für handwerkliche Tätigkeiten hatte. Sie entdeckte ihre Lust auf haptische Erlebnisse. Sie experimentierte mit verschiedenen Materialien und Werkstoffen und spürte plötzlich ihre Leidenschaft für im wörtlichen Sinn fassbare Ergebnisse eigenen Schaffens. Sie entdeckte ihren Spaß an der Arbeit mit Holz. Am Ende entschied sie sich tatsächlich für einen Neuanfang und machte eine Ausbildung zur Schreinerin. Als weitere Perspektive sah sie ein berufsbegleitendes Aufbaustudium zur Holzingenieurin. Damit wollte sie sich alternativ beratende Tätigkeiten in der Holzwirtschaft ermöglichen.

Kunst ist für mich immer wieder ein guter Schlüssel zur Seele meiner Klienten.

Auch in diesem Fall hat sie Türen zu neuer Selbstsicherheit eröffnet.

Fragen, die Sie sich stellen können

- Was ist mir wirklich wichtig in meinem Leben?
- Ist das, was ich gerade tue/entscheide richtig für das, was mir wirklich wichtig ist?
- Bis zu welcher Grenze bin ich bereit, etwas zu akzeptieren? Wann wehre ich mich, trotz des Risikos möglicher negativer Konsequenzen?
- Wann und wobei erfülle ich die Bedürfnisse anderer, ohne dass ich es wirklich will?
- Wenn es mir wichtig ist, weshalb fange ich nicht gleich damit an? Wenn es mir nicht wichtig ist, weshalb lasse ich es nicht sein?
- Was kann ich heute anfangen zu tun, um das mir Wichtige in Zukunft zu realisieren?

∠ Anregung zur Selbstreflexion
Wo ich schon selbstsicher war

Kaufen Sie sich einen großen Bogen Zeichenkarton und verschiedene Stifte unterschiedlicher Art und Farbe. Dicke Stifte, dünne Stifte, Zeichenstifte, Filzstifte, Marker.

Legen Sie den Bogen an einen Platz, wo er liegen bleiben kann und wo Sie immer wieder einmal vorbeikommen. Immer, wenn Sie vorbeikommen, überlegen Sie kurz, welche Situation Ihnen einfällt, in der Sie sich schon einmal selbstsicher für Ihre Bedürfnisse entschieden haben. Das können unterschiedliche Begebenheiten sein. *»Ich habe meinen Geburtstag so verbracht, wie ich es wollte«, »Ich habe gekündigt«, »Ich habe meiner Schwiegermutter einen Korb gegeben«, »Ich habe mir die Haare blond gefärbt«, »Ich habe mir eine Woche Urlaub alleine gegönnt«, »Ich habe einen Auftrag abgelehnt«, »Ich habe meinen Kindern zugemutet, sich mittags einmal selbst zu versorgen«* ... das kann alles sein, jede sehr persönliche kleine oder große Entscheidung.

Schreiben Sie Ihre Gedanken auf den Zeichenkarton. Schreiben Sie ganz unterschiedlich: groß, klein, in Druckbuchstaben, in verschnörkelter Schönschrift, dick, dünn, schräg, gerade, schwarz, bunt.

Schreiben Sie kreuz und quer, bis der Karton fast lückenlos vollgeschrieben ist. Malen Sie dazwischen kleine Skizzen, die Ihre Gedanken visualisieren.

Am Ende entsteht ein großartig buntes Bild. Ein Bild, das Ihre geballte Selbstsicherheit zeigt. Ein Bild, das künstlerisch ist. Vielleicht ist es so schön geworden, dass Sie es mit einem dazu passenden Rahmen versehen mögen und gut sichtbar in Ihrer Wohnung aufhängen. Immer, wenn Sie es sehen, verweilen Sie einen Moment davor und genießen voller Stolz den Anblick Ihrer gesammelten Selbstsicherheit.

▮–▮ Übung: Selbstsicher sprechen

Sprache ist mächtig. Über Sprache transportieren wir nicht nur Informationen, sondern auch unsere Haltungen, Einstellungen und unseren Grad von Selbstsicherheit.

Wir können uns zweifelnd und unsicher ausdrücken. Wir können anderen nach dem Mund reden. Wir können aber auch klar und deutlich unsere Bedürfnisse kommunizieren und das, was wir zu ihrer Erfüllung brauchen, einfordern. Wer in der Lage ist, sich selbstsicher auszudrücken, bekommt, was er braucht. Denken Sie an das Beispiel mit dem Navigationssystem im Auto, das ich oben geschildert habe.

Achten Sie immer wieder genau auf Ihre Art und Weise zu sprechen. Beobachten Sie sich aufmerksam und konzentrieren Sie sich auf folgende Aspekte Ihrer Art zu sprechen:

- Vermeiden Sie Negierungen wie »*Ich kann, will, möchte, nicht ...*«, »*Das geht so nicht*«, »*Hör auf damit*«. Immer wenn Sie merken, dass Sie über das sprechen, was nicht sein soll, halten Sie kurz inne. Sagen Sie innerlich: »*Stopp!*« und fragen Sie sich, was Sie stattdessen wollen. Für jede Negierung gibt es etwas, was stattdessen sein soll. Reden Sie darüber. Das ist das, was Sie gerade brauchen. Drücken Sie

präzise aus, was Sie wollen. Sagen Sie: »*Ich wünsche ...*«,
»*Ich brauche ...*«, »*Ich verlange ...*«, »*Ich fordere ...*«.

- Verwenden Sie grundsätzlich »*ich*« anstatt »*man*« oder »*wir*«.
Verstecken Sie sich nicht. Tragen Sie selbstsicher Ihre Wünsche vor.
Bleiben Sie bei sich selbst.
- Verwenden Sie keine Konjunktive. Formulierungen wie »*Eigentlich
würde ich gerne ...*«, »*Könnte ich vielleicht ...*«, »*Ich will ja nicht weiter
stören, aber ich hätte da mal eine Frage*« drücken Unsicherheit aus.
So werden Sie nicht ernst genommen mit Ihren Wünschen.
- Vermeiden Sie Füllwörter. Wörter wie »*eigentlich*«, »*aber*«, »*überhaupt*«
sind unnötig und unklar. Damit kommen Sie nicht ans Ziel Ihrer
Wünsche.
- Unterstreichen Sie Ihre Selbstsicherheit, indem Sie immer den
Augenkontakt zu Ihrem Gesprächspartner suchen. Nehmen Sie
eine aufrechte, entspannte und sichere Körperhaltung ein.
Das unterstreicht Ihre selbstsichere Kommunikation.

👀 Die selbstsichere Großmutter

Eine Geschichte zur Bedeutung von Selbstsicherheit

Sehr oft muss ich an eine wunderbare Geschichte denken, die mir
ein Freund über seine Großmutter erzählt hat. Zugegeben, sie mag
sich anhören wie aus einem Kitschroman. Aber die Realität ist
manchmal so.

Die Großmutter war im Jahr 1891 geboren. Sie wuchs in einer Zeit
auf, in der Frauen nicht dazu erzogen wurden, selbstsicher für ihre
Wünsche und Bedürfnisse einzustehen. Gehorsamkeit war ihre
oberste Pflicht. Emanzipation war ein Fremdwort. »Sei sittsam und
bescheiden« war ein Imperativ, der das damalige Erziehungsziel
verdeutlicht.

Frauen dieser Zeit wurden verheiratet. Nicht sie selbst suchten sich ihren Ehemann aus. Die Familie wählte ihn aus. Da ging es nicht um Liebe. Die Ehe war eine Zweckgemeinschaft. Die standesgemäße Versorgung der Tochter war der Hauptzweck. So auch bei der Großmutter meines Freundes. Die Familie hatte einen geeigneten Kandidaten ausgewählt.

Die Großmutter hatte sich dummerweise in einen anderen Mann verliebt. Der fand leider keine Gnade vor den Augen der Familie. So sehr sie für eine Heirat mit ihm kämpfte, es blieb aussichtslos. Es war beschlossene Sache, dass sie den anderen Mann heiraten sollte.

Irgendwann fügte die Großmutter sich in ihr Schicksal. Die Hochzeit wurde vorbereitet. Sie versuchte, den geliebten anderen Mann zu vergessen. Ihr Schmerz war groß, aber sie sah keine andere Möglichkeit, als den auserwählten Mann zu heiraten.

Die Großmutter stand mit ihrem Zukünftigen im Trauzimmer. Kurz bevor sie das Ja-Wort geben sollte, ging die Tür auf und der von ihr so sehr geliebte andere Mann trat ein. Genau in diesem Moment passierte das Außergewöhnliche, das wir heute als Kitsch-Happy End aus manchem Film kennen: Die Großmutter sah ihren Geliebten, drehte tatsächlich ohne Zögern um und lief ihm in die Arme. Zusammen flohen sie aus der Amtstube. Kurze Zeit später haben sie heimlich geheiratet. Sie verbrachten mehr als sechs Jahrzehnte gemeinsam, bevor ihr Mann im Alter von 85 Jahren verstarb. Zwei Weltkriege mit allem, was an Angst, Schmerz und Bedrohung dazu gehörte, brachten sie nicht auseinander. Sie liebten sich und waren bis zum Ende glücklich miteinander.

Die Großmutter war sich ihrer Entscheidung absolut sicher. Sie war sicher, dass ein Leben mit diesem Mann, dem Großvater meines Freundes, das Wichtigste und Schönste für sie im Leben war. Dafür war sie bereit einen hohen Preis zu zahlen. Sie wurde von ihrer Familie verstoßen. Diese Konsequenz war der Großmutter in dem Moment der gemeinsamen Flucht bewusst. Sie war sich sicher, dass sie diese Konsequenz tragen will und kann.

Kapitel 6
Selbstbestimmung

Den eigenen Weg gehen

Erinnern Sie sich an die Zeit Ihrer Pubertät? Die Zeit, in der Eltern seltsam und Kinder schwierig werden?

Das war bei fast allen Menschen eine Zeit, in der sie mehr oder weniger heftig für ihre Selbstbestimmung gekämpft haben. Da war bei den meisten der unbändige Wunsch, endlich tun und lassen zu können, was sie wollen. Und das ohne von anderen beeinflusst, bevormundet oder erzieherisch gemaßregelt zu werden.

Ich erinnere mich gut an das Gefühl der inneren Revolte gegen alles, was Erwachsene von mir erwarteten. Ich war grundsätzlich dagegen und glaubte, damit selbst zu bestimmen, was gut für mich ist. Die Revoluzzerin in mir war hellwach. Mein Motto: *»Ich bin dagegen und mache, was ich will!«*

Tatsächlich war dies natürlich eine trotzige pubertäre Reaktion auf andere und kein Einstehen für klare eigene Ziele. Die haben wenige in dieser Phase. Es ist eine dem Alter gemäße Reaktion auf die Erwartungen der Erwachsenen. Es ist eine Haltung, die insofern fremdbestimmt ist, als sie ein aufmüpfiges *»Ich will anders als die anderen«* ist. Es geht darum, zu dem, was andere wollen, in Opposition zu gehen. Ein Verhalten, das aus Prinzip gegen Erwünschtes ist, ist nicht selbstbestimmt. Es ist fremdbestimmt und schematisch.

Was ist stattdessen echte Selbstbestimmung?

Über sich und sein Leben selbst bestimmen

Der Begriff Selbstbestimmung wird häufig als Synonym für Autonomie, Unabhängigkeit, Freiheit oder Eigenverantwortlichkeit verwendet. Selbstbestimmung gilt als Grundrecht des Menschen und ist in Artikel 2 des Grundgesetzes verankert: »Jeder hat das Recht auf die freie Entfaltung seiner Persönlichkeit ...«

In der Psychologie ist die Fähigkeit des Menschen gemeint, über sich und sein Leben und die Entfaltung seiner Potenziale selbst zu bestimmen. Selbstbestimmtes Handeln bedeutet, frei und ohne Beeinflussung von anderen oder äußeren Zwängen das eigene Leben zu planen und zu gestalten. Wer selbstbestimmt handelt, trifft Entscheidungen, wie er seine persönlichen Ziele, Visionen oder Träume erreichen kann.

Die Grenzen der Selbstbestimmung

Das heißt nicht, dass wir alles nach eigenem Wünschen und Wollen gehen kann. Natürlich unterliegen wir Zwängen, denen wir uns anpassen müssen. Wir können nicht immer machen, was wir wollen. Wir müssen aber auch nicht immer nach der Pfeife anderer tanzen und uns selbst verleugnen!

Bereits im Grundgesetz ist eine Einschränkung unserer Selbstbestimmung benannt: »… soweit er nicht die Rechte anderer verletzt und nicht gegen die verfassungsmäßige Ordnung oder das Sittengesetz verstößt.«

Wer gegen die Gesetze handelt oder sonst in irgendeiner Weise andere in ihrer persönlichen Freiheit einschränkt, kann sich nicht auf sein Recht auf freie Entfaltung der Persönlichkeit berufen. Das ist selbstverständlich und steht nicht gegen selbstbestimmtes Handeln. Es gibt aber eine Menge andere Einflüsse, die unserer Selbstbestimmung entgegenstehen können. Mit diesen befassen wir uns in den folgenden Abschnitten.

Der gesellschaftliche Rahmen

Die Familie, Gesellschaft, Erziehung, der soziale Kontext – all das hat uns bestimmt und bestimmt uns weiter. Sie geben Muster vor, denen wir unbewusst folgen. Sie beeinflussen unseren inneren Kompass, können ihn sogar zerstören, je nachdem, wie zwingend und autoritär sie uns »verordnet« wurden und als wie zwingend wir die gesellschaftlichen Erwartungen für uns betrachten. Es geht um Muster unserer Wahrnehmung, unseres Denkens, Fühlens und Handelns. Schon früh haben wir erfahren, was richtig und falsch, was gut und schlecht, was moralisch und was unmoralisch ist, was man tut und was man nicht machen darf. Das prägt beschränkt uns. Davon sind wir niemals völlig frei.

Jemand, der beispielsweise in einer Familie mit strengen Moralvorstellungen aufgewachsen ist, wird sich später möglicherweise schwertun, sich frei davon in verschiedenen Kontexten und Beziehungen auszuprobieren. Das schlechte Gewissen würde vermutlich sein ständiger Begleiter und Hemmschuh sein.

Feste Regeln geben aber auch Halt und Sicherheit. Ihre Sicherheit ist allerdings starr. Ändert sich der ursprüngliche Kontext, hält sie nicht mehr, was sie verspricht. Dann passen die Muster auf einmal nicht mehr. Sie verunsichern mehr, als sie Halt geben. Und der Rahmen ändert sich immer wieder und immer schneller. Gesellschaftliche Konventionen aus unserer Kindheit sind längst »über den Haufen« geworfen. Die Menschen entwickeln sich und ebenso die Gemeinschaften, in denen wir leben, die Welt. Dadurch und gleichzeitig verändern sich Konventionen und Muster. Es ist es immer wieder an uns selbst zu überprüfen, welche für uns hilfreich sind, welche wir annehmen. Und damit sind wir selbst ständig daran beteiligt, alte Konventionen zu verändern, neue zu prägen.

Indem wir unsere Haltung immer wieder feinjustierten, gestalten wir eine flexible Sicherheit. Sie entspricht unserem Wesenskern, ist nicht von außen auferlegt. Die selbstbestimmte Sicherheit basiert darauf, dass unser Handeln aus zu uns passenden Mustern erwächst, die wir immer wieder darauf hin überprüfen, inwieweit sie für uns leitend sein sollen. Mal enger, mal weiter. Mal mehr an äußeren Notwendigkeiten orientiert, mal weniger. Darüber bestimmen wir am besten selbst.

Was man anfängt, führt man auch zu Ende

Wir sind niemals nur Opfer äußerer Begrenzungen, Erwartungen und Zwänge. Unserer Selbstbestimmung stehen oft auch innere Leitsätze entgegen.

Vielleicht haben Sie als Kind gelernt, dass »man« zu Ende führt, was »man« anfängt. Das klingt zunächst nicht schlecht. Es kann aber auch hinderlich sein. Es kann dazu führen, dass wir an etwas festhalten, was uns nicht guttut. Das können kleine Dinge sein. Beispielsweise, ein Buch bis zu Ende zu lesen, obwohl es uns langweilt. Es können gravierende Dinge sein. Beispielsweise, in einer Ehe auszuharren, in der wir schon lange unglücklich sind. Wir funktionieren gehorsam. Ganz nach dem Motto: *»Wer A sagt, muss auch B sagen.«*

Falsch: Es kann sich ja inzwischen was verändert haben.

Verabschieden Sie sich von Leitsätzen, die Ihnen nicht guttun. Entscheiden Sie in jeder Situation neu, was Sie für richtig halten. Frei von alten Zwängen und Erwartungen. Nur Ihrer inneren Wahrheit folgend. Die kann durchaus auch alten Mustern folgen. Sie darf aber auch anders sein.

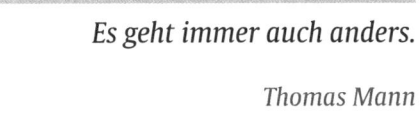

Es geht immer auch anders.

Thomas Mann

Falls Sie sich in dem geschilderten Leitsatz wiederfinden, können Sie das Loslassen tatsächlich in ersten kleinen Schritten mit Büchern üben. Geben Sie jedem neuen Buch eine Chance bis Seite 50. Wenn es Sie bis dahin nicht fesselt, legen Sie es zur Seite und beginnen ein anderes Buch. Das klingt vielleicht banal. Ist es aber nicht. Über lange Zeit verankerte Haltungen lassen sich kleinschrittig mit zunächst »ungefährlichen« Aktionen oft leichter als mit »Ab sofort«-Vorsätzen auflösen. Selbst ein kleiner Schritt kann anfangs schwerfallen. Sogar das Beiseitelegen eines Buchs kann Probleme bereiten.

Was ist Ihr stärkster Leitsatz, den Sie loslassen wollen? Welche ersten kleinen Schritte können dabei helfen? Was konkret tun Sie ab morgen, um sich aus den Zwängen zu lösen?

Der Deal im Arbeitsleben

Auch im Arbeitsalltag geht es nicht nur nach unserer Nase. Vorgesetzte können, müssen sich aber nicht mit ihren Mitarbeitern abstimmen. Der Chef trifft Entscheidungen. Die Mitarbeiter müssen sie umsetzen. Und zwar auch, wenn sie ihnen nicht schmecken. Leistung gegen Geld und umgekehrt. Das ist der Deal im Arbeitsleben. Das hat zunächst wenig mit Selbstbestimmung zu tun. Die Spielräume für selbstbestimmtes Handeln sind mal mehr, mal weniger groß. Auch darüber entscheidet der Chef.

Wir können und dürfen aber entscheiden, ob wir nach den aufgestellten Regeln mitspielen oder ob wir uns möglicherweise ein anderes Spielfeld suchen wollen. Die Entscheidung dafür oder dagegen hängt von uns selbst ab. Je nachdem, wie wir Gründe dafür finden, Risiken einschätzen und bereit sind, den zugehörigen Preis zu zahlen. Da ist der Chef raus. Das ist unsere Entscheidung.

Die eigene Biografie

Unsere Biografie prägt uns, beginnend mit frühesten kindliche Erfahrungen. Auch wenn wir den Kinderschuhen längst entwachsen sind. Diese Erfahrungen wirken unbewusst auch heute noch nach. Idealerweise waren sie förderlich. Im extremen negativen Fall können sie unsere Fähigkeit zu selbstbestimmten Verhalten aber auch im Keim erstickt haben.

Mütter oder Väter haben von Anfang an die Herausforderung zu meistern, ihre Kinder im richtigen Tempo und Maß zu fördern, zu fordern und »fit fürs Leben« zu machen. Wie viel Losschicken, Loslassen, Festhalten ist richtig in jedem Lebensalter und in den zahllosen Situationen, in denen die Eltern noch für das Kind entscheiden müssen oder es besser nicht mehr für es tun sollten?

Dabei passiert es häufig, dass Eltern – unter Umständen ganz im Gegensatz zu dem, was sie sich eigentlich für ihr Kind wünschen – das angeborene Streben nach und die vielleicht bereits teilweise entwickelte Fähigkeit zur Selbstbestimmung in ihrem Kind unterdrücken. Nicht erst in der Pubertät, auch davor stehen Eltern ständig vor der Aufgabe, das richtige Maß von Eigenständigkeit der Kinder zu finden und zu fördern. In der Pubertät kommt zu der immer größer werdenden Sorge um die Kinder häufig auch Angst vor deren Ablösung hinzu. Viele Mütter und Väter verlieren mit der Erziehungsaufgabe einen wesentlichen Sinn in Ihrem Leben. Umso mehr, je mehr sie sich auf die Kinder konzentriert haben. Mit dieser Sorge und Angst gehen sie unterschiedlich um. Eine Möglichkeit ist, die flügge werdenden Kinder zu bestrafen. Hausarrest, Taschengeldentzug, Handyverbot, Psychoterror (»*Ich habe dich nicht mehr lieb, wenn du …*«), Fernsehverbot, laute Beschimpfung bis hin zu häuslicher Gewalt. Das ist die hilflose Variante, mit der Sorge um die Kinder und mit der Angst vor ihrer Ablösung umzugehen.

Für die Kinder bedeutet es, selbstbestimmtes Verhalten in Verbindung mit Angst, Bedrohung und Liebesentzug zu erleben. Das ist unangenehm. Daraus kann Angst vor dem Erwachsenwerden und vor der eigenen Autonomie entstehen.

Eltern, die aus Sorge oder auch Verlustangst klammern, sind zwar bestimmt liebevoll im Umgang mit den erwachsen werdenden Kindern. Sie ersticken selbstbestimmtes Verhalten allerdings im Keim. Ich kenne Mütter, die ihre inzwischen erwachsenen Kinder per WhatsApp »festhalten«. Andauernd schicken sie ihnen Nachrichten: »*Wo seid ihr denn?*«, »*Ist die Party cool? Schick doch mal ein Foto*«, »*Sag kurz, wenn du wieder bei dir zuhause bist, damit ich weiß, dir ist nichts passiert!*«, »*Wie war's denn? Erzähl doch mal!*«

Kindern, die das erleben, fällt es schwer, selbstbestimmt »ihr Ding« durchzusetzen. Sie fühlen sich häufig verantwortlich für die Eltern. Aus Angst, sie traurig zu machen, fehlt ihnen der Mut, zu sich selbst zu stehen.

Je nachdem, wie fest das Korsett der Erwartungen und Zwänge in der Kindheit geschnürt wurde, ist es schwer, sich daraus zu lösen. Es ist aber nicht unmöglich.

Liebe und Partnerschaft

Auch in Partnerschaften ist selbstbestimmtes Handeln nicht immer einfach. Zu hohe und unterschiedliche gegenseitige Erwartungen schränken ein. Der eine braucht viel Nähe und gemeinsame Zeit, der andere fühlt sich dadurch vereinnahmt und unter Druck gesetzt. Der eine wünscht sich eine gemeinsame Wohnung, der andere möchte viel lieber auch in einer Beziehung alleine in seiner eigenen Wohnung leben. Der eine wünscht sich eine offene Beziehung, für den anderen ist Treue die Basis einer guten Beziehung. Für den einen ist die Ehe wichtig, für den anderen kommt Heiraten nicht in Frage.

Vielfach versucht jeder den anderen zu einem Verhalten zu bewegen, das den eigenen Vorstellungen entspricht. Wenn die Vorstellungen deutlich verschieden voneinander sind, kann es auf Dauer schwierig werden. Dann stellt häufig einer der beiden seine Wünsche hintan. In anfänglicher Verliebtheit kann das schnell passieren. Daraus entsteht emotionale Abhängigkeit. Das ist kein Boden für selbstbestimmtes Verhalten.

Klare Kommunikation darüber, wie es gehen kann, eröffnet Spielräume für tragfähige Kompromisse. Nicht immer, aber oft. Wir sollten dabei selbstbestimmt die Grenzen unserer Kompromissfähigkeit einhalten.

Der Wunsch nach Zugehörigkeit

Wir stecken in einem Dilemma. Wir sind soziale Wesen und wollen anerkannt und geliebt sein und uns zugehörig fühlen. Gleichzeitig wollen wir uns selbst verwirklichen. Diese beiden Grundbedürfnisse können sich gegenseitig behindern.

Wir suchen die Gemeinschaft mit anderen Menschen. Das kann die Familie, der Kollegenkreis, der Verein, der Freundeskreis, die Partnerschaft sein. In allen sozialen Gemeinschaften gibt es Verhaltensregeln. Erkennen wir sie an, sind wir geschätztes Mitglied und genießen ihren Schutz. Lehnen wir sie ab, werden wir im Extremfall ausgegrenzt.

Aus Angst davor und um das Wohlwollen der anderen nicht zu gefährden, beugen wir uns vielleicht den geltenden Regeln, obwohl wir sie ablehnen. Wir machen uns abhängig von der Anerkennung der anderen. Wir verlieren unsere Autonomie.

Stattdessen können wir andere Menschen, deren Anerkennung uns wichtig ist, wohldosiert mit der eigenen Individualität konfrontieren. Erwachsen daraus Verbindungen, die unsere Andersartigkeit aushalten, sind es wirklich wertvolle Verbindungen. Wir fühlen uns angenommen, geliebt und zugehörig. Auch dann, wenn wir eigene und von der Gemeinschaft abgelehnte Vorstellungen haben. Das sind Verbindungen mit Tiefgang.

Beziehungen, die nur halten, wenn wir uns anpassen, sind es nicht wert, sie aufrechtzuerhalten! Müssen wir unsere Persönlichkeit vor der Eingangstür ablegen, bleiben die Verbindungen oberflächlich. Nehmen Sie Abstand davon!

Trauen Sie sich, Ihrem inneren Kompass zu folgen. Gehen Sie Ihren Weg, nicht den der anderen. Manchmal passt er ja gut zum Weg der anderen. Manchmal sind die Spielregeln der anderen gut für uns. Auch dafür können wir uns selbstbestimmt entscheiden.

Die Frage ist: Wofür tue ich etwas? Weil ich davon überzeugt bin, oder weil ich glaube, dass andere es von mir erwarten?

Von Manipulation und Verführung

Einfluss auf das Verhalten anderer zu nehmen, ist normal und nicht verwerflich. Gefährlich sind Menschen, die das Spiel der Manipulation und Verführung beherrschen. Sie verführen uns zu etwas, das wir gar nicht wollen. Wir fühlen uns gut, wenn wir ihre Wünsche erfüllen, und schlecht, wenn wir es nicht tun. Das ist emotionale Abhängigkeit, der wir uns sofort entziehen müssen. Unreife und wenig selbstbewusste Menschen lassen sich leicht derart fremdsteuern. Menschen, die manipulieren oder verführen, wissen das.

Distanzieren, loslassen, Abstand nehmen und die eigenen Wünsche und Bedürfnisse in den Fokus rücken. Das ist der einzige Weg heraus aus der Abhängigkeit. Egal wie schmerzhaft die Konsequenzen sind! Nur so kann man sich von charismatischen Verführern und Manipulierern lösen. Selbstbestimmung wird überlebenswichtig!

Ein Beispiel dazu: Ich erinnere mich gut an eine Klientin, die als Assistentin der Geschäftsleitung tätig war. Sie war nicht sehr selbstsicher, zudem verletzlich und ängstlich. Sie traute sich wenig zu und hatte Angst, Fehler zu machen. In ihrer sensiblen und unreifen Art war sie das »gefundene Fressen« für ihren Chef. Der war ein charismatischer, selbstbewusster und exzentrischer Mann mit viel Charme. Er forderte und förderte sie, bis sie ihm buchstäblich verfallen war. Ab da wurde er zum grausamen Manipulierer, der sie in ihrer Naivität nur noch ausnutzte. Sie tat alles, was er wollte, arbeitete bis zum Umfallen, verlor ihre Freunde und lebte nur noch für ihn, ihren Job und die Firma. Seinen Charme hatte er längst abgelegt. Stattdessen ließ er sie seine autoritäre und cholerische Seite spüren. Die Klientin war in eine völlige emotionale Abhängigkeit geraten und hatte jegliche Selbstbestimmung verloren. Am Ende blieb ihr nur die Kündigung.

Werbung

Eine alltägliche und allgegenwärtige Art der Manipulation ist die Werbung. Auch sie beeinflusst uns und gute Werbung kann die Selbstbestimmung aushebeln. Ein gelungener Werbespot versetzt uns in den Modus *»Das brauche ich unbedingt«*. Beim nächsten Einkauf greifen wir zu einem Produkt, das wir bisher nicht vermisst haben. Werbung legt fest, was gerade »in« ist, und suggeriert, wie wir zu sein haben. Es ist schwer, sich dem immer subtileren Einfluss von Werbung zu entziehen.

Je bewusster wir uns darüber sind und je sicherer wir uns sind, was wir brauchen und was nicht, desto eher können wir die Wirkung begrenzen.

Träume, Visionen, Ziele

Viele Menschen leben nicht selbstbestimmt, weil sie keinen eigenen Plan, keine Richtung, kein Ziel oder keine Vision im Leben haben. Ein überhöhter Anspruch an einen besonderen »Sinn« oder gar eine »Bestimmung« im Leben zu haben bzw. zu finden, kann jegliche Selbstbestimmung hemmen. Doch schon eine ungefähre Richtung oder eine Vision sind hervorragende Wegweiser für das Leben. Das ist gleichzeitig mehr als die konkrete nächste Aufgabe. Da geht es um den roten Faden im Leben. Er hat die wegweisende Kraft für ein gelingendes und selbstbestimmtes Leben. Er ist die Spur unserer einzigartigen Individualität.

Dafür ist es hilfreich, das Leben auch einmal vom Ende her zu betrachten. Wie sähe ein Leben aus, zu dem ich am Ende mit ganzem Herzen Ja sagen könnte? Ein in allen Facetten annehmbares Leben, auch mit seinen Schattenseiten. Es geht nicht um ein in Watte gepacktes rosarotes Leben. Es geht um ein Leben, von dem wir im letzten Moment versöhnlich und friedlich Abschied nehmen können. Ein Leben, in dem wir uns durch alle unsere Lebensschritte selbstbestimmt in unserem Wesenskern entwickelt und entfaltet haben. Es gilt, den eigenen Ausdruck im Leben zu finden.

Und was ist Ihr roter Faden?

◌◠ Fallbeispiel: Der Schnapsbrenner

Zu mir kam ein Mann zum Coaching: Er war 35 Jahre alt und arbeitete bei einer großen Versicherung in der Marketingabteilung. Anders als viele meiner Klienten war er mit seiner beruflichen und privaten Situation voll und ganz zufrieden. Er fühlte sich am richtigen Platz und hatte Erfolg und Freude bei allem, was er tat.

Er nahm bei allem Positiven kritisch wahr, dass sich das Berufsfeld, in dem er tätig war, veränderte und weiter verändern würde. So konnte er sich nicht vorstellen konnte, auf Dauer damit zufrieden zu sein. Er wollte sich frühzeitig um alternative Möglichkeiten bemühen, um nicht zum Spielball der Entwicklung werden. Er wollte selbst bestimmen, wie es mit ihm weitergehen würde, und eine Alternative finden, die zu ihm passte. Ich sollte ihm dabei helfen.

Der Klient hatte keine familiären Verpflichtungen. Er hatte bisher gut verdient und dennoch bescheiden gelebt. Deshalb hatte er finanzielle Rücklagen. Materielle Dinge, Statussymbole oder Karriere waren ihm nicht wichtig. Er konnte also über alternative Zukunftsideen »spinnen«. Das sind außergewöhnliche und reizvolle Coaching-Aufträge.

Nach den ersten drei Terminen hatte der Klient bereits einige Erkenntnisse über sich und seine Leidenschaften, Sehnsüchte und Wünsche erarbeitet. Mir schien aber, dass sich noch ganz andere Themen in seinen unbewussten Anteilen verbargen. Themen, die mit »herkömmlichen« Coaching-Methoden nicht einfach zu bergen waren.

Ich habe eine große Affinität zu Kunst. Alles, was den Menschen tief berührt, bewegt, inspiriert, findet seinen Ausdruck auch in der Kunst. Davon bin ich zutiefst überzeugt. Und so mache ich mir auch im Coaching gerne die Kunst zunutze. Besonders in der Arbeit an Visionen und Zielen, wenn ich das Gefühl habe, »da gibt es noch mehr«.

Mein Klient war selbstbewusst, aufgeschlossen, neugierig und kreativ. Damit konnte ich ihm ungewöhnliche Methoden und Orte für unser Coaching anbieten. Und so schlug ich ihm vor, uns beim nächsten Mal im Museum zu treffen.

Im Museum gingen wir in die ständige Sammlung. Da, wo unterschiedlichste Bilder aus unterschiedlichen Epochen zu sehen sind. Ich ließ meinen Klienten ein Werk auswählen, das ihn spontan und ohne kopfgesteuerte Analyse sofort positiv ansprach. Wir setzen uns vor dieses Bild und ließen es eine Weile auf uns wirken. Dann bat ich ihn, mir zu schildern, welche Gefühle das Bild in ihm auslöste. Ich machte ergänzende Angebote für mögliche Sehnsüchte und Gefühle. War es Sinnlichkeit, Leichtigkeit, Überraschung, Fröhlichkeit, Vielseitigkeit, Farbenvielfalt, Genuss? Mit solchen und weiteren Fragen klärten wir, was für ihn – bisher unbewusst – eine starke positive Kraft und Wirkung hat. Genuss, Menschen, Außergewöhnlichkeit und Haptik waren zentrale Aspekte, von denen er emotional stark berührt war.

Mit weiteren Fragen zur dargestellten Szenerie begleitete ich ihn dabei, Visionen von möglichen Rollen im Leben zu entwickeln. Wer wäre er gerne auf dem Bild? Was ist daran reizvoll? Welchen Bezug kann es zu seiner momentanen Thematik geben? Welche Figur spricht ihn an und welche Rolle entspräche dieser Figur in der heutigen Zeit?

Am Ende hatte mein Klient viele Ideen entwickelt. Er fühlte sich inspiriert und bat um ein paar Wochen Abstand zum nächsten Termin. Er wolle in Ruhe alles auf sich wirken lassen.

Zum nächsten Termin erschien mein Klient strahlend und ganz offensichtlich energievoll und dynamisch. Er begann sofort, mir zu berichten, dass die Impulse der Arbeit im Museum ihn so sehr fasziniert hatten, dass er sich spontan zwei Wochen Urlaub genommen hatte. In dieser Zeit hatte er alles auf sich wirken lassen, war zu Netzwerkabenden mit jungen Gründern gegangen und hatte neue Kontakte geknüpft. Das alles hatte »den Knopf an alles gebracht«. Er hatte sich entschlossen, eine Ausbildung zum Sommelier für Obstbrände zu machen. In Kooperation mit einem jungen Start-up-Unternehmer würde er eine Brennerei für exklusive, edle und hochwertige Obstbrände gründen. Er sprudelte über vor Ideen für die Umsetzung. Er hatte etwas gefunden, wo er sich mit allem, was ihn ausmachte, einbringen konnte. Ein Produkt, das für Genuss steht, Kontakt mit Menschen, mit den eigenen Händen etwas herstellen, kreative Ideen für die Vermarktung und ein außergewöhnliches Konzept, alles das bediente die in unserer Arbeit herausgefundenen Aspekte seiner selbst.

Das ist alles einige Jahre her und ich kann Ihnen berichten: Der Klient hat mutig und selbstbestimmt sein Leben neu geplant und gestaltet!

Fragen, die Sie sich stellen können

- Wie sähe mein ideales Leben aus?
- Wer bin ich wirklich jenseits meiner Rollen, Masken und Verhaltensmuster?
- Von welchen Mustern will ich mich befreien? Wovon kann ich loslassen?
- Wann und wobei habe ich mich in der Vergangenheit für das, was mir wichtig ist, entschieden, auch gegen die Erwartungen anderer? Wie ging es mir damit?
- Wie könnte mein Lebensmotto lauten?

∠ Anregung zur Selbstreflexion
Wer ich sonst noch sein möchte

Sein Leben selbstbestimmt zu gestalten bedeutet, seine Leidenschaften, Wünsche und Sehnsüchte zu kennen. Das, was uns im Wesenskern ausmacht. Das, was wir mit Lust und Freude gerne machen. Dort sind die vielen Chancen und Möglichkeiten, für ein gutes und selbstbestimmtes Leben.

Träume und unbewusste Leidenschaften sind dafür bedeutungsvoll. Sie deuten auf das, was in uns steckt, hin.

Denken Sie immer wieder über folgende Frage nach: Angenommen, Sie hätten nicht nur dieses Leben, sondern Ihnen stünden mehrere Leben zur Verfügung. Wer wären Sie dann gerne? In welche Rollen würden Sie gerne schlüpfen?

Ich wäre beispielsweise gerne Museumsdirektorin und würde große Ausstellungen organisieren. Ich wäre auch gerne Gastgeberin in einem liebevoll gestalteten Bed & Breakfast. Ich würde gerne Veranstaltungen an einem Ort der kulturellen Begegnung gestalten. Ich wäre gerne Stadtführerin. Ich wäre gerne Pippi Langstrumpf. Ich wäre gerne Zauberin.

Und Sie? Fantasieren Sie, wer Sie noch gerne wären. Alles ist erlaubt. Es gibt keine Beschränkung. Notieren Sie sich Ihre Ideen. Überlegen Sie, was genau es ist, das Sie an der jeweiligen Rolle reizt. Was davon können Sie möglicherweise in Ihrem Alltag realisieren? Nicht falsch verstehen: Sie sollen ihr Leben nicht hinwerfen und alles auf den Kopf stellen. Aber ab und zu, wie ein Schauspieler auf der Bühne, in eine andere Rolle schlüpfen. Eine Rolle, die Sie gut ausfüllen.

Wenn ich mir meine Alternativleben ansehe, erkenne ich, dass ich offenbar gerne organisiere und Menschen zusammenbringe, um in einen fruchtbaren Austausch zu kommen. Über ein ehrenamtliches Engagement als Leiterin der Regionalgruppe meines Berufsverbandes realisiere ich diese Talente und Wünsche in meinem Leben. Meine Leidenschaft für Kunst lebe ich, indem ich in Museen gehe, male und Kontakte zu anderen Menschen mit derselben Leidenschaft pflege.

Machen Sie auch möglichst viel von dem, was Sie leidenschaftlich gerne sonst noch wären. Probieren Sie sich darin aus. Seien Sie lustvoll, so wie Sie sind. Und Sie sind weit mehr als das, was Sie im Alltag leben. Da gibt es viel mehr Facetten. Erwecken Sie sie zum Leben. Das sind Sie. Treten Sie für sich selbst ein.

■■■ Übung: Mein Leben als Fotoausstellung

Für eine klare Richtung ist es hilfreich, das eigene Leben einmal vom Ende her zu betrachten. Wie wäre der Rückblick auf Ihr Leben, wenn Sie alles immer weiter unverändert so machen würden wie jetzt? Wäre das in Ordnung? Wie würde sich das dann anfühlen?

Angenommen, am Ende Ihres Lebens würde man für die Nachwelt eine Dauerausstellung mit Fotos, Videos, Audio-Aufnahmen Ihrer Gespräche sowie mit Zitaten aus Ihrem Leben organisieren. Was würde den Besucher dort erwarten? Wären vielleicht zu 80 Prozent Werke aus dem Arbeitsleben zu sehen und nur zu 20 Prozent aus Ihrem Privatleben? Wären die Werke obendrein eher düster und würden von Fremdbestimmung und Frustration erzählen? Wären die Zeugnisse von Ihrem glücklichen Lebensanteilen, die Werke von schönen Stunden, von Aktivitäten, bei denen Sie sich durch und durch lebendig gefühlt haben, die Dokumente von den Lebensstunden mit den Menschen, die Sie lieben und deren Nähe Sie genießen möchten, ein verschwindend kleiner Anteil am Ende der Ausstellung? Womöglich in einem unscheinbaren Nebenraum? Die Gespräche und die Zitate, sind das die Reden eines Pessimisten oder eher die eines gestaltenden und eigenverantwortlichen zufriedenen erwachsenen Menschen?

Wie geht es Ihnen in Ihrer eigenen Ausstellung?

Finden Sie sich wieder, so wie Sie gerne wären?

Angenommen, Sie könnten die Ausstellung neu organisieren, so, dass ein Kassenschlager und ein Publikumsmagnet daraus werden kann. So, dass ein spannendes und zufriedenes Leben bestaunt werden kann. Ein Leben, zu dem Sie auch im Rückblick Ja sagen wollen, weil es Ihr Leben war mit allem, was Sie ausmacht. Wie sähe die Ausstellung dann aus? Was wollen, können Sie in Ihrem Leben verändern, damit die Ausstellung Ihres Lebens Sie und ein eigenbestimmtes Leben widerspiegelt? Ein Leben, das andere möglicherweise inspirieren kann, es Ihnen nachzutun? Wer wären Sie gerne, wenn sich Ihre Nachwelt ein Bild von Ihnen machte anhand der Ausstellung?

𝄞 Der eigene Maßstab

Eine Geschichte zur Bedeutung von Selbstbestimmung

Die Geschichten von realen Menschen finde ich spannender als jeden Krimi. Ich erinnere mich an eine Geschichte, die mir eine Frau auf einer Party erzählt hat.

Sie lebte viele Jahre ein normales und allseits akzeptiertes Leben. Sie hatte einen festen Job, war erfolgreich in diesem Job und war auch privat zufrieden. Dennoch spürte sie immer deutlicher, dass irgendetwas nicht wirklich passte. Sie fühlte sich mehr und mehr unzufrieden und fremdbestimmt. Irgendwie, als ob sie am falschen Platz sei. Irgendetwas musste sich ändern.

Aber was?

Ihrer Sehnsucht nach Veränderung folgend, nahm sie sich ein Jahr Auszeit. Sie war finanziell in der Lage dazu und bereit, ihre Rücklagen dafür einzusetzen. Gehend kommen die besten Gedanken. Das hatte sie schon oft erlebt. Also entschloss sie sich, den Jakobsweg zu pilgern. Wie vermutet, löste diese »bewegte« Zeit viele Ideen und Gedanken, die bisher im Alltag keinen Raum bekamen. Sie lief nicht nur den Jakobsweg, sondern entschloss sich, im Anschluss ein Jahr lang um die Welt zu reisen. Sie wollte sich in ungewohnten Umgebungen und fremden Kulturen ausprobieren, Erfahrungen sammeln und sich selbst darüber näherkommen. Sie übernahm unterschiedliche Jobs, die alle fremd und neu für sie waren. Sie half in einem Jugend-Camp, sie war Reiseleiterin, sie veröffentlichte Artikel über die Stationen ihrer Reise und ihre Erfahrungen, sie arbeitete in einem Restaurant, sie unterrichtete thailändische Kinder …

Wieder zuhause angekommen, war ihr klar, dass sie grundlegende Veränderungen in ihrem Leben gestalten musste. Sie kündigte ihren alten Job und machte sich selbständig. Sie eröffnete ein kleines Café. In diesem Café bot sie nicht nur Kaffee und Kuchen an, sondern veranstaltete Themenabende rund ums Reisen und fremde Kulturen.

Ihre eigenen Erfahrungen mit einer persönlichen Auszeit und die vielfältigen Möglichkeiten, Erfahrungen im Rahmen einer Auszeit zu sammeln, zog viele Interessierte an, die selbst ein Sabbatical planten. Die Beratung dieser Menschen machte ihr große Freude. Und so eröffnete sie in einem Nebenraum eine Beratungsstelle für Sabbaticals. Sie spezialisierte sich auf aus dem Ausland nach Deutschland abgeordnete Mitarbeiter von Unternehmen. Auch mit ihrem Ex-Arbeitgeber kam sie darüber wieder in Verbindung und wurde beauftragt, die in Deutschland eingesetzten Mitarbeiter aus fremden Kulturen zu begleiten.

Sie erzählte mir, dass sie alles ausprobiert hatte, was sie interessiert hatte. Sie hat es abgebrochen, sobald sie merkte, dass es nicht zu ihr passte. Zu jedem Zeitpunkt war ihr wichtig, sich selbst treu zu bleiben. Frei von den Erwartungen anderer. Das sei ihr Maßstab für die Entscheidung »bleiben oder gehen« gewesen. So hat sie hat ihren Weg gefunden, den sie aktiv und bewusst gestaltet.

Es stand ihr deutlich ins Gesicht geschrieben, dass sie sehr glücklich war.

Kapitel 7
Selbstvertrauen

Ich schaffe das!

Vielleicht haben Sie sich mit den Aspekten des gesunden Ego in der Reihenfolge der Kapitel befasst? Dann sind Sie schon ziemlich stark geworden.

Sie mögen sich selbst.

Sie können sich mit Ihren Ecken und Kanten akzeptieren.

Sie wissen, was Sie ausmacht.

Sie spüren, fühlen und empfinden sich selbst.

Sie wissen, was Sie brauchen, was Ihnen wichtig ist, und Sie können dafür einstehen.

Das ist schon eine ganze Menge.

Wie bringen Sie das alles jetzt ins Leben?

Selbstvertrauen kann man lernen

Dazu gehört Mut, Risikobereitschaft und Entscheidungskraft. Jetzt wird es also etwas handfester. Jetzt wechseln wir von dem »Ich bin«-Modus in den »Ich kann«-Modus.

Dazu brauchen Sie eine gehörige Portion Selbstvertrauen. Selbstvertrauen ist das beste Mittel gegen Angst und Unsicherheit. Selbstvertrauen beruhigt unser Gehirn und hat eine positive Wirkung auf den Körper.

In dem Wort »Selbstvertrauen« stecken die Wörter »Trauen« und »Vertrauen«. Sie stehen für Grundhaltungen wie »Ich traue mich« und »Ich vertraue mir«. Darum geht es. Damit kommen Sie gut durchs Leben.

Selbstvertrauen ist das Vertrauen in die eigenen Kräfte und Fähigkeiten.

Selbstvertrauen ist der Glaube an sich selbst.

Selbstvertrauen ist der Glaube, alles, was das Leben bietet, bewältigen zu können.

Klingt herausfordernd und anspruchsvoll. Ist es auch.

Doch Sie haben sich inzwischen ein gutes Fundament erarbeitet. Damit schaffen Sie es, Ihr Selbstvertrauen aufzubauen beziehungsweise zu stärken. Denn jeder Mensch hat mehr oder weniger Vertrauen in sich und die Welt. Sollte Ihr Vertrauen in sich selbst gering sein, so haben Sie es lediglich »verlernt«. Vielleicht schon in Ihrer Kindheit, vielleicht durch spätere einschneidende Erlebnisse, vielleicht durch einen Mangel an das Selbstvertrauen stärkenden Erfahrungen.

Der Mensch kann bis zu seinem letzten Atemzug lernen, sich entwickeln und sich verändern. Das ist hinreichend erforscht. Es gibt also keine Entschuldigung mehr wie *»Jetzt bin ich zu alt«* oder *»Meine Eltern haben mich nie ermutigt«.* Irgendwann sollten wir uns von den einschränkenden Erfahrungen und Denkweisen in unserem Leben befreien. Es gibt keinen Grund, sich dauerhaft an diesen zu orientieren. So wie fast alles können Sie lernen, Selbstvertrauen auszubauen.

Augen auf und durch

Vermutlich haben Sie bereits Entscheidungen in Ihrem Leben getroffen, die großes Selbstvertrauen von Ihnen verlangt haben. Jeder Mensch kommt irgendwann in Situationen, in denen er Mut braucht, um das Richtige zu tun. Mut, um eine überhaupt nicht einfache Entscheidung zu treffen. Mut, auch gegen Widerstand »sein Ding« zu machen. Das Vertrauen in sich selbst hilft dabei.

»Augen zu und durch« heißt eine gängige Redewendung. Weil Wegsehen nicht weiterbringt, empfehle ich die Haltung *»Augen auf, und ich komme da durch«.*

Ein paar Beispiele:

Ein junger Mann will Pilot werden und lässt sich durch die anspruchsvollen Zugangstests, den hohen finanziellen Aufwand, die schlechten

Jobaussichten und die Zweifel seiner Eltern nicht entmutigen. Er glaubt fest daran, es schaffen zu können, bereitet sich monatelang auf die Tests vor und setzt seinen Traum, Verkehrspilot zu werden, auch gegen alle Widerstände und Herausforderungen erfolgreich um.

Eine alleinerziehende Mutter wird in ihrem Job gemobbt. Sie erkrankt daran und fällt für längere Zeit aus. Nach ihrer Genesung kehrt sie an ihren Arbeitsplatz zurück. Dort merkt sie, dass sich nichts verändert hat. Sie kündigt, ohne eine neue Stelle in Aussicht zu haben. Damit riskiert sie existenzielle Nöte für sich und ihr Kind. Sie ist sich sicher, dass sie es schaffen wird, eine neue Arbeit zu finden. Sie vertraut auf ihre Erfahrung und ihre Kompetenzen – statt die Augen davor zu verschließen, was ihr zuwiderläuft.

Zwei Frauen, beide verheiratet und Mütter von noch kleinen Kindern, verlieben sich ineinander. Sie wagen es, damit offen umzugehen, und trennen sich von ihren Ehemännern. Zusammen mit ihren Kindern ziehen sie in ein gemeinsames Haus. Sie wissen, dass es nicht einfach sein wird. Sie wissen, dass sie Anfeindungen ausgesetzt sein werden. Sie lassen sich sehend auf die schwierigen Umstände ein. Sie wollen es aushalten und vertrauen auf ihre Möglichkeiten, auch gegen Widerstände glücklich miteinander leben zu können.

Ein Mann, mit 50 Jahren nicht mehr ganz jung, möchte noch einmal eine Ausbildung anfangen. Er möchte KFZ-Mechaniker werden und sich auf alte Motorräder spezialisieren. Er wird von seiner Familie und seinen Freunden entmutigt und hört: *»In deinem Alter kriegst du doch keinen Ausbildungsplatz mehr«* oder *»Wie soll das funktionieren? Da bekommst du viel weniger Geld als jetzt. Wie wollt ihr denn damit euren Lebensstandard finanzieren?«* Seine Frau unterstützt ihn in seinem Herzenswunsch. Beide sind bereit, finanziell für die Zeit der Ausbildung kürzerzutreten. Er glaubt fest daran, diesen Neustart bewältigen zu können, und findet tatsächlich einen Ausbildungsplatz bei einem kleinen KFZ-Betrieb im Nachbarort.

Kürzlich ging die Meldung über eine Frau durch die Presse, die ihren Arbeitgeber per Mail um Erlaubnis bat, nach einer anstrengenden Arbeitsphase zwei Tage zuhause zu bleiben. Sie müsse sich um ihre mentale Gesundheit kümmern. Die Mitarbeiterin wollte darauf aufmerksam machen, dass Mitarbeiter nicht grenzenlos belastbar sind. Das war mutig. Sie hatte für sich selbst gesehen, was notwendig war, und entsprechend gehandelt.

Das sind besondere Beispiele. Die Entscheidung, einen Kredit aufzunehmen, ein Haus zu bauen, eine Rede zu halten, allein eine Reise zu machen, eine verantwortungsvolle neue Aufgabe zu übernehmen, eine Liebesbeziehung, anders als gesellschaftlich erwartet, zu gestalten, zu heiraten, eine Familie zu gründen, die pflegebedürftigen Eltern zuhause zu pflegen – all das ist nicht einfach und braucht eine gehörige Portion Selbstvertrauen.

Ebenso erfordern oft auch ganz alltägliche Situationen Mut, Entscheidungskraft und Vertrauen in die eigenen Fähigkeiten. Einen Wunsch äußern, eine Kritik aussprechen, eine neue Frisur ausprobieren, eine Auskunft einholen, auf seinem Recht beharren, eine Diskussion aushalten: Das kann manchen Personen gegenüber leichtfallen, während es gegenüber anderen viel Vertrauen in die eigene Fähigkeit, die Folgen durchzustehen, braucht.

Es braucht Selbstvertrauen, das sich ausdrückt in Haltungen wie »Ich will …«, »Ich kann …«, »Ich werde …« und »Ich traue mich …«.

Bitte verstehen Sie mich nicht falsch: Ich starte keinen »Tschakka-Ruf« nach dem Motto *»Du kannst alles schaffen, wenn du nur willst«.* Ich weiß, dass es Grenzen des Möglichen gibt. Ich weiß auch, dass nicht alles klappen kann. Trotz großen Vertrauens in die eigenen Kräfte passiert es, dass Vorhaben scheitern. Nicht alles, was wir uns in den Kopf setzen oder wünschen, ist realisierbar. Ich kann beispielsweise nicht mehr Ballett-Tänzerin oder Obernsängerin werden. Der Zug ist abgefahren. Darum geht es nicht. Es geht um das Zutrauen in die eigenen Fähigkeiten. Dazu gehört, verkraften zu können, auch einmal zu scheitern. Auch das Vertrauen darauf, mit der Enttäuschung darüber, nicht mehr alles erreichen zu können, fertigzuwerden.

Woher können wir so viel Selbstvertrauen nehmen?

Runter von der bequemen Couch

Selbstvertrauen wächst mit Erfahrung. Je häufiger wir die Erfahrung machen, dass wir etwas, das neu, herausfordernd, überraschend, beängstigend, verunsichernd ist, erfolgreich bewältigen, desto größer wird das Vertrauen in uns selbst. Dafür braucht es nicht möglichst viele Nackenschläge im Leben. Lernen aus Erfahrung können wir sehr angenehm gestalten, indem wir ab und an etwas Neues machen. Etwas, das wir noch nicht routiniert können. Etwas, das Spaß macht und auf das wir Lust haben. So wie ein Kind. Kinder haben einen natürlichen Impuls zu entdecken, auszuprobieren und sich zu trauen, auch wenn sie dabei riskieren, »auf die Nase« zu fallen. Daran entwickeln sie sich. Auch im Erwachsenenalter sind Neugier und Wagemut die Basis für Entwicklung.

Selbstvertrauen beruht auf dem Vertrauen in unsere Fähigkeiten. Je mehr Fähigkeiten wir haben, umso sicherer ist das Fundament, von dem aus wir die Aufgaben, die das Leben stellt, bewältigen können. Je mehr Fähigkeiten wir haben, umso mutiger sind wir. Die Angst vor Unbekanntem wird kleiner. Wir gewinnen Vertrauen in uns.

Fähigkeiten fallen nicht vom Himmel. Fähigkeiten eignen wir uns an, indem wir uns vielseitig interessieren, beschäftigen und auch einmal einfach dranbleiben und üben. Auch wenn es schwerfällt. Fähigkeiten entstehen auch dadurch, dass wir uns ausprobieren und Neues wagen. Selbst auf die Gefahr, dass es schiefgeht. Das gehört dazu. Daraus können wir lernen. Das befreit von Angst vor Neuem. Wie bei Kindern.

Fähigkeiten erwachsen nicht aus immer gleicher Alltagsroutine. Um Fähigkeiten zu entwickeln, müssen wir ab und zu die bequeme Couch verlassen und uns ins Leben wagen.

Überlegen Sie doch einmal, was Sie gerne einmal ausprobieren, lernen oder erfahren möchten. Was ließe Ihr Herz höherschlagen? Was wollten Sie immer schon einmal machen – haben es sich aber bisher nicht getraut? Wofür können Sie sich begeistern? Worauf sind Sie neugierig? Wofür müssten Sie all Ihren Mut zusammennehmen? Wobei müssten Sie über Ihren eigenen Schatten springen? Worauf hätten Sie mal so richtig Lust? Womit möchten Sie anfangen?

Neues wagen

Vielleicht lernen Sie eine neue Sprache. Fahren Sie in das Land, wo die Sprache gesprochen wird. Suchen Sie den Kontakt zu den Menschen dort und üben Sie den Sprachgebrauch vor Ort. Beschäftigen Sie sich mit der Kultur des Landes.

Besuchen Sie Orte, Länder oder Plätze, wo Sie noch nie waren. Lassen Sie sich auf das Leben dort ein. Verstecken Sie sich nicht in einem Touristenhotel.

Treten Sie mit Menschen in Kontakt. Mit Menschen, die Sie nicht kennen. Nicht immer mit denselben vertrauten Menschen. Mit Menschen, die in einer Lebenssituation sind, die unterschiedlich zu Ihrer ist. Mit Menschen, die in einem anderen beruflichen Umfeld arbeiten. Mit Menschen, die anders als Sie selbst über die Welt und das Leben denken. Das sind inspirierende Begegnungen, die den eigenen Horizont erweitern.

Betätigen Sie sich ehrenamtlich. Begeben Sie sich in völlig andere Lebensräume als die Ihnen vertrauten. Machen Sie Erfahrungen anderer Art. Erweitern Sie damit Ihre Fähigkeiten. Erweitern Sie ganz besonders auch Ihre sozialen Kompetenzen. In herausfordernden Situationen geht es selten kopfgesteuert zu. Meist sind Herz und Seele die Taktgeber. Gut, wenn wir beides spüren können. Das schafft Vertrauen in uns selbst.

Beschäftigen Sie sich mit Kunst, Kultur, Philosophie. Gehen Sie mal wieder ins Theater. Besuchen Sie mal wieder eine Kinovorstellung. Nehmen Sie an einer Stadtführung teil. Gehen Sie ins Konzert oder in die Oper. Lesen Sie zu Themen, die Ihnen fremd sind. Tauchen Sie ein in andere Welten. Das erweitert Ihre eigenen Möglichkeiten.

Nehmen Sie sich ab und an eine echte Auszeit. Ich meine nicht Urlaub. Ich meine eine Zeit, in der Sie sich selbst erfahren. Das kann eine Zeit der Muße sein. Ohne Programm, Plan und Aufgabe. Eine Zeit nur mit sich selbst zu sein, kann Aufgabe und Herausforderung genug sein. Auf jeden Fall tut es gut und stärkt das Vertrauen in sich selbst. Bleiben Sie, wo Sie sind. Gönnen Sie sich eine Woche Balkonien, anstatt zu verreisen. Genießen Sie sich ohne Ablenkung. Dabei schließen Sie Freundschaft mit sich selbst. Es wird Ihnen gut gehen dabei. Vielleicht nicht von Anfang an. Aber es wird sich entwickeln. Und Sie fühlen sich auch dann stark, wenn Sie im Leben mal wieder nur sich selbst an Ihrer Seite haben.

Nehmen Sie sich vielleicht auch einmal eine längere Auszeit, um etwas ganz anderes zu tun. Vielleicht, um eine große Reise zu machen, möglicherweise eine Weltreise. Es muss aber gar nicht so etwas Großes sein. Sie können auch in einem völlig anderen Arbeitsumfeld Erfahrungen sammeln. Machen Sie ein Praktikum. Das geht, egal, wie alt oder ausgebildet in Ihrem Beruf Sie bereits sind. Wenn Sie einen nüchternen Büro-Job oder einen technisch orientierten Job haben, begeben Sie sich in eine kreative Arbeitswelt. Wenn Sie einen Kreativjob haben, machen Sie einmal etwas Soziales. Eines meiner Auftragsunternehmen verpflichtet beispielsweise seine Führungskräfte, einmal im Jahr vier Wochen Sozialarbeit zu leisten. Ich finde, das ist eine großartige Idee.

Es gibt viele Möglichkeiten, für begrenzte Zeit »auszusteigen«. Von ganz kurz bis lange. Selbst ein Tag mit neuen und interessanten Aktivitäten oder nur Mußezeit ist wirkungsvoll.

Durch all das erfahren Sie sich in ungewohnter Umgebung. Sie gewinnen Zutrauen in Ihre Fähigkeit, mit unbekannten und vielleicht verunsichernden Situationen zurechtzukommen. Sie gewinnen Sicherheit und vertrauen sich ein Stück mehr als zuvor.

Es gibt unendlich viele Spielfelder, auf denen Sie sich neu ausprobieren können. Welches wollen Sie demnächst betreten?

Bevor Sie sagen: *»Schöne Idee. Mag sein, dass es Menschen gibt, die das können. Bei mir geht das nicht. Ich kann nicht einfach mal abtauchen«,* überlegen Sie folgende Frage: *»Angenommen, es wäre möglich, wie* *würde ich es machen?«* oder *»Und wenn es doch ginge? Was würde ich dann machen?«* Vielleicht stoßen Sie dabei auf etwas, das doch funktioniert. Lassen Sie Ideen zu und sehen Sie dann, wie Sie Ihre Lieblingsidee umsetzen können. Vielleicht sind die möglichen Erfahrungen es wert, dafür einen oder mehrere Urlaubstage einzusetzen und Ihr Alternativprogramm zum üblichen Erholungsurlaub auszuprobieren?

Aktiv und mutig die Dinge angehen

Situationen, die herausfordernd sind, vor denen wir vielleicht sogar Angst haben, die wir uns nicht zutrauen oder in denen andere uns Steine in den Weg legen, verschwinden nicht durch Wegsehen, Vermeidung, Aussitzen oder »Unter-den-Teppich-kehren«. Das mag eine Weile funktionieren. Die Vogel-Strauß-Strategie *»Stecke ich lange genug den Kopf in den Sand, dann werden die Dinge sich schon von alleine klären«* ist keine Lösung.

Sobald du dir vertraust, sobald weißt du zu leben.

Johann Wolfgang von Goethe

Denken Sie an die oben beschriebenen Beispiele. Was wäre aus den Menschen geworden, wenn Sie nicht aktiv und mutig ihren Weg genommen hätten? Der junge Mann hätte möglicherweise einen falschen Beruf ergriffen. Die alleinerziehende Mutter wäre vielleicht arbeitsunfähig geworden. Die beiden Frauen hätten sich selbst verleugnet und in Ihrer Ehe ein falsches Spiel gespielt. Der 50-Jährige hätte sich um die Chance der Selbstverwirklichung betrogen. Klingt nicht gut, oder?

Nicht zu entscheiden, ist auch eine Entscheidung. *»Ich kann das nicht ändern, entscheiden, beeinflussen«* bedeutet: *»Ich lasse es, wie es ist.«* Auch das ist eine Entscheidung. Eine Entscheidung, die Konsequenzen hat. Konsequenzen, die uns willkürlich treffen und unangenehm sein können. Die Konsequenzen aus einer nicht einfachen, aber mutig und voller Selbstvertrauen bewusst getroffenen Entscheidung sind kalkulierbar und dadurch akzeptabel. Sie beinhalten die Chance, zu bekommen, was wir brauchen. Sie beinhalten die Chance auf einen guten Ausgang.

Sie können sich den Aufgaben des Lebens nicht entziehen. Gehen Sie sie aktiv an. Entscheiden Sie im Vertrauen auf sich selbst das Notwendige und Richtige, auch wenn es schwerfällt. Nehmen Sie in Kauf, dass nicht alles klappt und Sie Niederlagen erleben werden. Geben Sie sich die Chance, daran zu wachsen und sich zu entwickeln. Am Ende ist das ein verdammt gutes Gefühl. Das kann ich Ihnen versprechen – aus eigener Erfahrung und aus der Erfahrung vieler Menschen, die im Coaching diesen Weg gegangen sind. Auf diese Weise entwickeln Sie Selbstvertrauen. Selbstvertrauen aus einer Ich-kann-Erfahrung. Selbstvertrauen, das die Angst vor vielem nimmt.

Gute Entscheidungen treffen

Wie treffen Sie gute Entscheidungen? Was für ein Entscheidungstyp sind Sie? Vielleicht entscheiden Sie gern spontan, aus dem Bauch heraus. Eventuell nehmen Sie sich lieber Zeit und durchdenken alles intensiv. Möglicherweise brauchen Sie den Gedankenaustausch mit jemand anderem und suchen ein Gespräch über die Situation. Oder müssen Sie einfach erst einmal darüber schlafen? Es gibt viele Wege zu einer guten Entscheidung. Und es gibt nicht die eine richtige Entscheidung. Jeder hat einen anderen Blick auf die Welt. Was für den einen richtig und gut ist, muss für einen anderen nicht passen.

Es kommt darauf an, dass Sie die *momentan richtige Entscheidung für sich selbst* treffen.

Das ist eine Entscheidung, die Sie Ihren Zielen näherbringt. Das wiederum hat viel mit Ihren Bedürfnissen zu tun. Was ist Ihnen momentan das Wichtigste? Wie beim Thema Selbstsicherheit (sehen Sie Kapitel 6) geht es auch hier grundlegend um Gefühle. Die sind ausschlaggebend für eine richtige und gute Entscheidung. Sie muss sich gut anfühlen. Kopf, Herz und Bauch sollten gleichermaßen »zufrieden« sein.

Welche wirklich wichtigen Entscheidungen haben Sie im Leben bereits getroffen? Wie sind Sie dabei vorgegangen? Gibt es ein Muster, das zu Ihnen passt?

Es lohnt sich, das eigene Entscheidungsverhalten zu reflektieren. Treffen Sie Entscheidungen tatsächlich selbstbestimmt, so wie es sich für Sie gut anfühlt? Wenn ja, bleiben Sie dabei. Egal, was Ihnen andere empfehlen. Wenn nein, probieren Sie andere Wege aus und schauen, wie es stimmiger wird.

Es gibt aus meiner Sicht zwei besonders schwierige Entscheidungssituationen. Eine nenne ich die Alles-oder-Nichts-Entscheidung. Das sind Entscheidungen, wo es kein Zurück geben wird. Die Tür, die wir mit der Entscheidung öffnen, schließt sich, sobald wir sie durchschritten haben, unmittelbar hinter uns, für immer. Ist die Entscheidung richtig gewesen, ist alles gut. Wehe aber, wenn wir im Nachhinein feststellen, dass wir falsch entschieden haben. Dann wird es unangenehm. Kündigungen, Trennungen, Brüche aller Art sind solche Entscheidungen. Da geht es um sehr viel. Entsprechend sorgsam müssen wir vorgehen. Das geht nicht im Schnellverfahren.

Oft sind lange Klärungsprozesse im Vorfeld nötig. Oft sind es auch lange Leidensprozesse, die wir aushalten müssen. Auch hier kommt das Gefühl ins Spiel. Irgendwann kommt der Punkt, an dem auf einmal ganz deutlich spürbar ist, wie es richtig sein kann. Dann ist klar, wie wir uns in diesem Moment entscheiden müssen und wollen. Dann haben wir auf einmal den Mut, es zu tun. Entscheiden Sie nicht früher!

Zwei Fragen sind hilfreich zur Entscheidungsfindung bei solchen Alles-oder-nichts-Entscheidungen: Wie ist es bestenfalls am Ende? Was passiert schlimmstenfalls? Diese Fragen können Sie sich in jeder Situation stellen. Im Fall der Alles-oder-Nichts-Entscheidungen sind sie elementar.

Der zweite Fall schwieriger Entscheidungen sind Ad-hoc-Entscheidungen. Es gibt Situationen, in denen keine Zeit bleibt, lange nachzudenken. Solche Entscheidungen sind meist Notsituationen. Situationen, in denen es im extremsten Fall um Leben und Tod geht. Dann brauchen wir ein gutes Bauchgefühl, Kompetenz und viel Erfahrung.

Ein Beispiel ist der Beinahe-Flugzeugabsturz im Jahr 2009 in New York. Kurz nach dem Start fielen beide Triebwerke aus. Die Flugsicherung sah eine Notlandung auf einem nahen Flughafen vor. Der Pilot erkannte aber, dass dafür die Zeit nicht reichte, und entschied sich ad hoc für ein anderes Vorgehen. Er führte eine Notlandung auf dem Hudson River durch. Alle Passagiere überlebten. Der Pilot hatte ein gutes Bauchgefühl dafür, dass er den Flughafen nicht mehr erreichen konnte. Gleichzeitig verfügte er über langjährige Erfahrung und hohe Kompetenz. Damit konnte er die riskante Wasserlandung erfolgreich durchführen.

In Fällen von Ad-hoc-Entscheidungen bleibt uns gar nichts anderes, als auf unser Bauchgefühl zu vertrauen und auf die Kompetenzen und Erfahrungen zu setzen, die uns nun einmal gerade zur Verfügung stehen. Damit müssen wir entscheiden – denn keine Entscheidung wäre auch eine. Im Fall des Beinahe-Absturzes wäre es die Katastrophe gewesen.

In den meisten Entscheidungssituationen haben wir Zeit und mehr als eine Alternative. Da kann es hilfreich sein, sich die Situation in wenigen Tagen oder Wochen, nach einigen Monaten und nach mehreren Jahren vorzustellen. Wir können überlegen: Angenommen ich entscheide mich für … Wie ist es dann nach … Tagen, … Wochen, … Monaten und nach … Jahren? Wie wäre es, wenn ich mich für eine mögliche Alternative entschiede? Natürlich sind diese Überlegungen Spekulation. Meist kennen Sie aber viele Fakten. Sie sind kompetent und haben sich informiert. Dadurch bekommen Sie trotz aller Unwägbarkeiten ein gutes Gefühl dafür, wie das Ergebnis wäre. Wenn es sich aus heutiger Sicht vermutlich auch mit etwas Zeitabstand noch gut anfühlt, kann es klappen.

Hilfreich ist es auch, sich in eine andere Person zu versetzen oder eine andere Person zu befragen, einen guten Freund beispielsweise: Was würde er raten zu entscheiden? Da jeder Mensch anders auf die Welt blickt, bekommen wir darüber neue und andere Perspektiven. Aspekte fließen ein, die wir selbst nicht hätten finden können. Das verbessert die Ergebnisqualität.

Wenn Sie gar nicht weiterkommen, hilft auch schon einmal die Münzentscheidung. Wenn sich die so erzielte Entscheidung gut anfühlt, gehen Sie eben den Weg. Wenn sich etwas in Ihnen dagegen sträubt, bedeutet dies, dass Sie dieses Ergebnis des Münzwurfs nicht wollen. Das heißt, Sie hatten sich bereits für die Alternative entschieden. Das kann dadurch klar werden. Und dafür ist die Methode im Ausnahmefall sinnvoll. Bitte aber nur im Ausnahmefall, wenn Sie glauben, gar nicht mehr weiterzuwissen. Wirklich empfehlen möchte ich sie nicht, denn es ist keine echte Entscheidungsmethode.

Entscheiden Sie. Treffen Sie Ihre Entscheidungen. Sie sind die Basis für Ihr Leben. Seien Sie dabei mutig und stark. Vertrauen Sie sich und Ihren Fähigkeiten. Sie haben alles, was Sie brauchen, um gut durch das Leben zu kommen. Was auch immer aus Ihren Entscheidungen folgt: Sie schaffen das!

ᴑᴕ Fallbeispiel: Jobwechsel ja – nein?

Ich erinnere mich an ein Coaching mit einem jungen Mitarbeiter eines mittelständischen Unternehmens. Er war seit fünf Jahren in diesem Unternehmen beschäftigt und fühlte sich dort wohl. Seine Aufgaben passten zu ihm, und er hatte das Gefühl, am richtigen Platz zu sein. Gleichzeitig spürte er den Wunsch, sich zu verändern und seinen Verantwortungsbereich auszuweiten. Das würde in dem jetzigen Unternehmen erst in einigen Jahren möglich sein. Insofern hatte er die Perspektive auf einige Jahre Stillstand. Da er ein zielstrebiger, erfolgsorientierter und aufgeschlossener junger Mann ist, reichte ihm das nicht. Er bewarb sich bei einigen Unternehmen und erhielt ein interessantes Angebot mit konkreten und zeitnahen Karriereperspektiven in einem für ihn spannenden neuen Themenfeld. Alles schien zu passen.

Er hatte trotzdem Zweifel. In der jetzigen Firma wusste er, was er hatte. Das Arbeitsklima war gut. Die Kollegen waren angenehm. Der Arbeitsplatz schien sicher zu sein. Das Einkommen stimmte.

Wie würde das in dem anderen Unternehmen sein? Was, wenn sich das Arbeitsklima als schlecht erwiese? Was, wenn er mit den Kollegen nicht gut auskäme? Wie sicher war der neue Arbeitsplatz?

Der neue Job wäre mit einem Umzug verbunden. Er war gerade zum zweiten Mal Vater geworden. Er und seine Frau hatten vor zwei Jahren ein kleines Haus gekauft. Seine Frau hatte eine Teilzeitstelle als Physiotherapeutin am Wohnort. Ihr Einkommen war wichtig, um die finanziellen Verpflichtungen gemeinsam tragen zu können. Alles war im Moment in guten Bahnen und ein Umzug würde alles durcheinanderbringen.

Würde seine Frau einen neuen Job finden, der ähnlich gut bezahlt wäre? Wäre das Haus zu einem Preis zu verkaufen, der ausreichen würde, um die offenen Hypotheken abzulösen? Wie waren die Hauspreise am neuen Ort? Müssten sie mit höheren Kosten rechnen? Wie ginge es ihnen in einer neuen Umgebung ohne Freunde und Familie vor Ort? Wer würde die Kinder betreuen, wenn sie krank wären und nicht in die KiTa könnten?

Diese Fragen verunsicherten meinen Klienten. Er wusste nicht mehr, welche Entscheidung richtig wäre. Den Job annehmen oder ihn ablehnen und bleiben? Er brauchte dringend Klarheit und bekam sie alleine nicht. Andauernd kreisten dieselben Gedanken in seinem Kopf. Gedanken um mögliche Schwierigkeiten, nicht um Lösungen.

Ich arbeitete unter anderem mit ihm mit der Methode des sogenannten Gefühlsbarometers. Angenommen, er nähme den neuen Job an.

- Wie ausgeprägt wären aus heutiger Sicht die damit verbundenen unangenehmen Gefühle (wie Angst, Unsicherheit, innere Unruhe) auf einer Skala von 0 (keine) bis 10 (unerträglich hoch)?
- Wie ausgeprägt wären aus heutiger Sicht die mit der Entscheidung verbundenen angenehmen Gefühle (wie Inspiration, Begeisterung, Neugier) auf einer Skala von 0 (keine) bis 10 (absolute Zufriedenheit)?

Die negativen Gefühle überwogen bei meinem Klienten geringfügig.

- Wie ging es ihm damit?
- Auf welchen Punkt der Skala müssen die positiven Gefühle steigen, damit sich die Entscheidung gut und richtig anfühlt?
- Auf welchen Punkt der Skala müssen die unangenehmen Gefühle sinken?
- Wodurch kann die nötige Veränderung entstehen?
- Welche konkreten Ideen fallen ihm ein, um zu einer insgesamt guten Gefühlsbilanz zu kommen?
- Was davon ist umsetzbar?
- Welche Risiken bleiben?
- Welche Chancen sind damit verbunden?

Auf diese Weise erlangte er schließlich Klarheit. Er war bereit, die Risiken zu tragen. Das Angebot war verlockend genug. Die Perspektiven waren reizvoll. Er hatte das Vertrauen, die Situation gestalten zu können. Jetzt holte er seine Frau in den Entscheidungsprozess hinein. Sie führten Gespräche miteinander, wägten Risiken und Chancen ab, testeten die Lage am Wohnungsmarkt im neuen Ort, informierten sich über Jobmöglichkeiten für die Frau.

Am Ende waren sich beide sicher, dass sie den Wechsel wagen wollen und es gemeinsam schaffen können. Sie vertrauten ihren Kräften und Fähigkeiten. Die Entscheidung fühlte sich gut an.

Fragen, die Sie sich stellen können

- Angenommen, Sie tauchten auf den Grund eines tiefen Bergsees. Dort lägen viele verschiedene Schätze: Ihre Erfolge; das, was Sie bereits geschafft haben; Ihre erfolgreich bewältigten Niederlagen; Ihre gesammelten Fähigkeiten; Ihre Erfahrungen; Ihre wichtigsten Erlebnisse; das, was Sie mutig macht; Ihre liebsten Menschen …
- Wenn Sie jetzt auf den Grund des Sees tauchen könnten, um drei Schätze zu heben, die Ihnen im Moment besonders helfen würden, Ihr Selbstvertrauen zu stärken, welche drei wären das?
- Denken Sie an Erfahrungen in Ihrem Leben, die Sie bisher am meisten verändert haben. Denken Sie an solche, an denen Sie sich am meisten entwickeln konnten und die in Ihnen Wachstum und Reifung ausgelöst haben. Überlegen Sie auch, wann und wobei Sie sich durch und durch mutig und stark fühlen. Und führen Sie sich vor Augen: Was kann ich, was habe ich, wer bin ich?

∠ Anregung zur Selbstreflexion

Die Lebensachse

Wenn Sie sich in einer Situation befinden, die Ihnen unbehaglich ist, in der Sie sich unsicher fühlen und nicht vor Selbstvertrauen strotzen, dann probieren Sie es einmal so:

Stellen Sie sich in die Mitte eines Raumes. Ziehen Sie in Ihrer Vorstellung vor und hinter sich eine Linie: Ihre Lebenszeitachse. Denken Sie jetzt intensiv über Ihre momentane Situation nach. Spüren Sie Ihre Unsicherheit und Ihr Unbehagen. Nehmen Sie alles wahr, was Ihnen gerade durch den Kopf geht.

Jetzt gehen Sie auf dieser Linie zurück. Stellen Sie sich auf einen Punkt, der Ihrem Alter von etwa 12 Jahren entspricht. Drehen Sie sich so, dass Sie auf den Ihrem aktuellen Alter entsprechenden Platz auf der Linie blicken. Betrachten Sie sich selbst aus der Perspektive Ihres 12-jährigen Ich. Was würde Ihnen die oder der 12-Jährige über Sie sagen? Was würde sie oder er an allem, was Sie bis heute schon geschafft haben, bewundernswert finden und sehr schätzen?

Was würde Ihre kindliche Seele Ihnen zu Ihrer momentanen Situation sagen? Wozu würde das Kind in Ihnen raten? Wie bedrohlich ist Ihre Situation aus der Sicht durch die Kindheitsbrille?

Jetzt wechseln Sie zur anderen Seite, etwa auf die Höhe eines Alters von 80 Jahren. Drehen Sie sich wieder um, sodass Sie auf den Punkt Ihres momentanen Alters schauen. Schauen Sie auf sich aus der Perspektive eines betagten Menschen mit 80-jähriger Lebenserfahrung. Wie sehen Sie sich aus dieser Perspektive? Was denken Sie aus dieser Perspektive über sich, so wie Sie heute sind? Was sagen Sie aus dieser Perspektive über Ihre aktuelle Situation? Wozu raten Sie sich? Wie bedrohlich ist die Situation aus dem Blickwinkel der oder des 80-Jährigen?

Gehen Sie jetzt zurück auf den Punkt, der Ihrem aktuellen Lebensalter entspricht. Richten Sie Ihren Blick noch einmal zurück und nach vorne. Erscheint Ihre gegenwärtige Problemsituation jetzt anders als vorher? Was hat sich verändert? Welche Schlüsse ziehen Sie daraus? Welche Ideen entwickeln sich dadurch?

Diese Reflexion kann helfen, die augenblicklichen Unsicherheiten zu relativieren. Sie kann neue Perspektiven eröffnen. Sie können für einen Moment auf Abstand zur momentanen Situation gehen. Sie werden sich Ihrer Möglichkeiten wieder bewusst.

Ein Tag, an dem man nicht lacht,
ist ein verlorener Tag.

Charlie Chaplin

❚❚◗ Übung: Lächeln

Wer lächelt, fühlt sich stark. Probieren Sie es aus. Lächeln Sie jetzt spontan. Was ändert sich? Wie fühlen Sie sich? Und jetzt machen Sie ein Gesicht, als ob Sie ärgerlich wären. Was löst das aus?

Ein Lächeln hat Auswirkungen auf den ganzen Körper. Lächeln verändert den Hirnstoffwechsel. Es werden Glückshormone ausgestoßen und Stresshormone reduziert. Das beflügelt und stärkt auch das Selbstvertrauen.

Lächeln wirkt sympathisch. Andere Menschen reagieren positiv darauf und senden Signale der Sympathie zurück. Das tut der Seele und dem Selbstvertrauen gut. Wir fühlen uns angenommen und gemocht.

Lächeln Sie bei Ihrem nächsten Spaziergang vorübergehende Passanten freundlich an. Nehmen Sie dabei Blickkontakt auf. Beobachten Sie sich und die anderen. Was verändert sich? In den meisten Situationen wird sich der Ausdruck im Gesicht des anderen umgehend entspannen. In aller Regel bekommen Sie ein Lächeln zurück.

Versuchen Sie, so häufig wie möglich zu lächeln. Strahlen sie auch mal richtig. Fangen Sie jetzt damit an. Lächeln Sie immer wieder zwischendurch. Sie werden merken, dass sich Ihre Stimmung zum Positiven verändert. Wer lächelt, wirkt sicher und klar. Wer lächelt, kann nicht gleichzeitig aufbrausen. Versuchen Sie lächelnd, jemand anderen zu beschimpfen. Das geht nicht! Lächeln wirkt deeskalierend.

Sie können ein schönes breites Lächeln auch üben. Nehmen Sie einen Bleistift und stecken Sie ihn der Länge nach zwischen die Zähne. Versuchen Sie den Stift mindestens 30 Sekunden lang so festzuhalten. Achten Sie darauf, dass der Stift dabei weder die Zunge noch die Lippen berührt. Sie werden automatisch breit lächeln. Sie werden sich dabei sicher und gut fühlen, ob Sie wollen oder nicht.

Lächeln Sie so oft wie möglich. Es stärkt Ihr Selbstvertrauen und es macht Sie sympathisch!

👓 Die Auswanderin

Eine Geschichte zur Bedeutung von Selbstvertrauen

Ein Klient erzählte mir die Geschichte einer Freundin. Sie hatte nach einer schmerzhaften Trennung das Bedürfnis nach Abstand und Ablenkung. Um auf andere Gedanken zu kommen, buchte sie eine dreiwöchige Reise nach Portugal.

Es gefiel ihr sehr gut dort. Sie fühlte sich sofort sehr wohl. Land und Leute gefielen ihr. Und sie verliebte sich Hals über Kopf in einen jungen Portugiesen. Und er verliebte sich in sie. So sehr, dass sie beide noch während des Urlaubs beschlossen, zusammenzuleben.

Die Freundin des Klienten reiste zunächst zurück nach Hause. Sie war Erzieherin in einer KiTa und konnte nicht einfach von heute auf morgen alles hinwerfen. Also blieb es für ein halbes Jahr bei einer Fernbeziehung mit gegenseitigen Besuchen einmal im Monat. An dem Entschluss der Beiden änderte sich nichts. Die Freundin meines Klienten wollte so schnell wie möglich kündigen und nach Portugal auswandern. Sie war sich sicher, dass das der einzig richtige Weg in ihrem Leben sei. Sie informierte ihre Freunde und ihre Familie darüber, dass sie in wenigen Monaten nach Portugal ziehen und dort mit ihrem neuen Partner, ihrer großen Liebe, leben werde. Sie war eine Frau, die einmal getroffene Entscheidungen ohne zu Zögern in die Tat umsetzt. Und so traf sie ihre Vorbereitungen, kündigte ihre Stelle und begann damit, sich eine neue Arbeit in Portugal zu suchen.

Viele ihrer Freunde und ihre Familie hatten kein Verständnis für den aus ihrer Sicht überstürzten Entschluss. »Du bist wohl völlig verrückt geworden?«, »Hast du dir mal überlegt, was du machst? Das kann doch nicht dein Ernst sein!«, »Wie stellst du dir das vor? Was ist, wenn es nicht klappt mit euch? Ihr kennt euch doch kaum?«, »Jetzt komm endlich wieder zu Vernunft!« So lauteten die Kommentare, die auf sie einprasselten. Die junge Frau ließ sich nicht beirren. Sie war sich sicher, dass sie nur so entscheiden kann, und war bereit, alle

Risiken einzugehen. Mit Mut und Entschlossenheit bereitete sie den Umzug vor, fand eine Stelle in Portugal, lernte die Sprache ...

Das war vor 25 Jahren. Sie lebt immer noch dort, ist längst mit dem Mann verheiratet und beide sind laut Aussage meines Klienten sehr glücklich miteinander.

Auch mein Klient hatte damals große Bedenken und stellte ihr viele Fragen. Unter anderem fragte er sie: »Hast du keine Angst, dass du das nicht schaffen wirst?« Ihre Antwort war: »Ich brauche keine Angst zu haben. Ich nehme doch mich mit!«

Das ist pures Selbstvertrauen!

Kapitel 8
Selbstverantwortung

Ich übernehme die Regie in meinem Leben

Kennen Sie Menschen, die mit allem hadern, für alles einen Schuldigen suchen, sich als Opfer der äußeren Umstände fühlen und für die das Glas immer halb leer ist? Vermutlich kennt jeder mindestens einen solchen Menschen. Diese Menschen führen nicht selbst Regie in ihrem Leben. Und damit sind wir beim Kern dieses Kapitels.

Wie kann ich eigenverantwortlich die Regie in meinem Leben übernehmen?

Große und kleine Räume für die eigene Gestaltung

Jetzt geht's ans Eingemachte. Jetzt geht es darum, dass und wie Sie das Drehbuch Ihres Lebens schreiben. Und Sie sind nicht nur Drehbuchautor und Regisseur, Sie sind auch der Protagonist im Drehbuch Ihres Lebens. Sie übernehmen die Verantwortung für Ihr Leben – in jeder Hinsicht, bei den Ideen, bei den Plänen und bei der Umsetzung. Niemand sonst hat die Verantwortung dafür. Nur Sie selbst.

Selbstverantwortung ist die Bereitschaft und Pflicht, das eigene Leben in die Hand zu nehmen, Entscheidungen zu treffen und dadurch Einfluss zu nehmen.

Selbstverantwortung ist die Bereitschaft und Pflicht, das eigene Handeln und auch das Unterlassen zu gestalten sowie Verantwortung für die Ergebnisse zu übernehmen.

Selbstverantwortung bedeutet, Lösungen zu suchen und es sich nicht im Selbstmitleid bequem zu machen.

Selbstverantwortung zu übernehmen ist manchmal nicht einfach. Alles, was Sie bisher über Ihr starkes und gesundes Ego wissen, führt Sie jedoch fast automatisch dahin, dass Sie Selbstverantwortung für Ihr Leben übernehmen wollen und können.

Das ist wesentlich – jeden Tag, nahezu jeden Moment: Zwischen dem, was uns passiert, und unserer Reaktion darauf liegt der Raum für eigenverantwortliche Gestaltung. Dieser Raum ist manchmal winzig klein und manchmal groß wie ein Tanzsaal. Er ist immer offen und zugänglich. Treten Sie ein.

Love it, leave it or change it

Hand aufs Herz: Wie oft regen Sie sich über andere Menschen und äußere Bedingungen auf, die Sie nicht ändern können?

Dahinter steht eine weit verbreitete Opferhaltung. In Situationen, die uns ärgern, aufregen, oder belasten, suchen wir eilig nach Schuldigen. Wir legen unseren Fokus weg von uns selbst auf andere. »*Wenn die da oben anders entscheiden würden, …*«, »*Das kann er doch nicht ernst meinen!*«, »*Seinetwegen/Ihretwegen muss ich jetzt wieder, …*«, »*Deinetwegen habe ich jetzt schlechte Laune*«, »*Mein Mann kann einfach nicht …*«, »*So eine Unverschämtheit! Wie können die nur!?*«, »*Das Leben meint es nicht gut mit mir*«.

Indem wir anderen und den Umständen die Schuld an unserem Ärger, Frust und Stress geben, geben wir auch die Verantwortung für unser Leben ab. Wir räumen anderen Macht über uns ein. Und dadurch machen wir uns selbst zum hilflosen Opfer.

Das scheint zunächst eine nützliche Lösung zu sein. Opfer werden im Allgemeinen bemitleidet und bedauert. Damit bekommt die geschundene Seele Streicheleinheiten. Wir fühlen uns angenommen und verstanden in unserem momentanen Unmut. Unser grundlegendes Bedürfnis nach Anerkennung und Zugehörigkeit wird gefüttert.

Es ist also allzu verständlich, dass viele Menschen gerne meckern, klagen und jammern.

Klagen ist nicht verwerflich und jeder weiß, wie gut es tut, ab und an mal so richtig Dampf abzulassen. Wenn es aber beim Meckern bleibt, wird sich nichts zum Besseren ändern. Erst wenn wir selbst die Verantwortung übernehmen und unsere Energie dahin lenken, wo wir Einfluss nehmen können, gibt es eine Chance auf Veränderung.

Schaffen wir das nicht, sind wir ohnmächtig den Geschehnissen ausgeliefert. Wir werden zum Spielball der anderen.

Wer in der Ohnmachtsfalle des Opfers feststeckt, denkt nicht über seinen eigenen Anteil am Geschehen nach. Dabei geht es nicht um eigene Schuld am Geschehen. Dann wären wir ja wieder im Schwarz-Weiß-Denken der Opfer-Täter-Haltung. Es geht um den Spielraum zwischen dem, was passiert, und unserer eigenen Reaktion darauf. Hier ist der Raum für unseren Anteil am Geschehen. Hier können wir eigenverantwortlich gestalten.

Wie wir auf etwas reagieren, darüber entscheiden wir selbst. Und es gibt unendlich viele Möglichkeiten, auf etwas zu reagieren. Das können wir niemand anderem in die Schuhe schieben. Andere sind womöglich Auslöser für unsere Reaktion. Sie sind niemals der Grund. Der liegt in uns und unserer Lebensgeschichte. Wir bewerten alles, was uns passiert, auf Basis unserer Erfahrungen. Davon haben wir eine Menge und also auch viele Bewertungsmöglichkeiten. Je nachdem, für welche wir uns entscheiden, reagieren wir. Dafür kann niemand anders die Verantwortung tragen. Das ist allein »unser Ding«.

> *Freiheit bedeutet Verantwortlichkeit.*
> *Das ist der Grund, weshalb die meisten Menschen*
> *sich vor ihr fürchten.*
>
> George Bernard Shaw

Andere Menschen können wir nicht ändern. Die Umstände sind in der Regel auch nicht beeinflussbar. Ändern können wir nur uns selbst und unsere Einstellungen und Verhaltensweisen. Dafür sind wir verantwortlich.

Indem wir anders als bisher auf etwas reagieren, bekommen wir eine Chance, dass sich auch unsere Umgebung und andere Menschen verändern. Dadurch, dass wir etwas anders machen, irritieren wir unser Umfeld. Die alten Muster passen nicht mehr. Unruhe entsteht, möglicherweise auch Unmut. Damit müssen wir leben. Das müssen wir aushalten. Weil auch soziale Systeme immer nach Ausgleich suchen, zwingen wir die Beteiligten indirekt dazu, ebenfalls etwas zu verändern. So kann ein neues Gleichgewicht entstehen. Die Chancen stehen gut, dass es uns selbst damit bessergeht. Dafür lohnt sich ein Versuch.

Wenn Sie das nächste Mal bemerken, dass Sie in die Opferrolle geraten, sagen Sie innerlich: »*Stopp!*« Ändern Sie Ihre Blickrichtung, ziehen Sie Ihre Aufmerksamkeit vom Außen ab. Konzentrieren Sie sich auf Ihre Einflussmöglichkeiten. Übernehmen Sie da Verantwortung, wo Sie etwas verändern, beeinflussen und für sich erreichen können. Lassen Sie die Finger von allem, worauf Sie keinen Einfluss haben. Überprüfen Sie Ihre Haltung. Welche Einstellung ist aktuell hilfreich? Wo können Sie aktiv werden? Wo wäre es vergebliche Mühe?

Notfalls, wenn es keine andere Option gibt, ziehen Sie ernsthaft in Betracht, sich in ein anderes Umfeld zu begeben.

Einfluss nehmen und gestalten können wir immer. In der minimalen Ausprägung können wir entscheiden, welches Gesicht wir zu den Umständen aufsetzen und dadurch unsere Befindlichkeit steuern. Das ist aber tatsächlich die Minimalversion. Meist haben wir weit mehr Möglichkeiten, eigenverantwortlich zu handeln und unser Leben zu gestalten.

Letztlich geht es um die altbekannte Weisheit »Love it, leave it or change it«.

Das ist Ihr Spielraum.

Jenseits der Ohnmachtsfalle

Stellen Sie sich ein paar alltägliche Situationen vor:

Abends im Supermarkt. Eine vom Tag gestresste Frau kauft ein. Sie ist in Eile. Sie will endlich nach Hause. Und jetzt auch noch die Schlange an der Kasse! Natürlich ist die eigene Schlange die längste! Natürlich hat sie die langsamste Kassiererin erwischt! Natürlich fährt der Hintermann ihr seinen Wagen in die Hacken! Wenn das alles nicht so wäre, könnte sie ihren Feierabend entspannt beginnen. Aber so!?

Die Schlange lässt sich nicht auflösen. Das Tempo der Kassiererin ist, wie es ist. Das Malheur mit dem Hintermann gehört zu den Dingen, die im Leben passieren. In ihrem Ärger richtet die Frau ihre Energie auf Aspekte, die außerhalb ihres Gestaltungsspielraumes liegen. Sie könnte anders damit umgehen.

Sie kann sich entscheiden, die Wartezeit als kurze Auszeit zu sehen, und vielleicht ein paar Mal tief ein- und ausatmen. Das entspannt.

Möglicherweise macht es ihr Spaß, die anderen Menschen zu beobachten. Das bringt sie auf andere Gedanken.

Sie könnte auch im Kopf den Gesamtpreis ihrer Einkäufe überschlagen. Auch das lenkt ab.

Ein kurzes Gespräch mit jemand anderem in der Schlange kann nett sein und helfen, den Ärger hinter sich zu lassen.

Eine andere alltägliche Situation: morgens auf der Autobahn. Ein Mann ist auf dem Weg zu einem Geschäftstermin. Da kommt die Meldung im Verkehrsfunk von Staus mit mehr als 5 Kilometer Länge. Volltreffer. Seine Strecke ist natürlich dabei! Sein Blutdruck steigt. Dann auch noch dieser »Idiot« vor ihm, der es wagt, auf dem Standstreifen an den Fahrzeugen vorbeizufahren. Wenn das alle so machen würden!? Überhaupt, was machen die alle hier? Es gibt doch die Möglichkeit des Home-Office. Wieso nutzt das keiner? Dann käme er pünktlich zum Termin. Aber so!?

Am banalen Beispiel des Staus auf der Autobahn lässt sich gut erklären, wie groß in scheinbar unbeeinflussbaren Situationen unser Gestaltungsspielraum ist. Anstatt mit der Situation zu hadern, könnte der Fahrer auch die nächste Ausfahrt nehmen oder seine Lieblingsmusik hören, einen Film in seinem Kopfkino starten, ein paar Telefonate erledigen, mit der Fahrerin nebenan flirten oder das nächste Mal gleich den Zug zu nehmen … Und natürlich vorab den Kunden über die Verspätung informieren.

Alltag im Büro: Die gefühlt hunderttausendste Umorganisation ist durchgeführt. Eine Vertriebsmitarbeiterin soll ab jetzt mit einem langjährig erfahrenen Kollegen zusammen ein Team bilden. Dumm nur, dass dieser Kollege bekannt dafür ist, alles andere als kollegial zu sein. Dumm auch, dass es der Kollege ist, dem ins Gesicht geschrieben steht: »Frauen haben im Vertrieb nichts zu suchen.« Die Vertriebsangestellte versteht die Welt nicht mehr: Wie konnte die Geschäftsleitung so eine Entscheidung treffen? Wie soll das funktionieren? Der Blödmann. Wenn er anders wäre, dann ginge es mir gut! Seinetwegen habe ich jetzt Stress! Seinetwegen wird jeder Tag zur Tortur werden! Alles lief so gut. Und jetzt!?

Der Unmut der Frau ist natürlich verständlich. Ändern wird sie damit allerdings gar nichts. Entscheidungen der Geschäftsführung werden ohne sie getroffen. Menschen können wir nicht ändern. Den Kollegen wird sie also nehmen müssen, wie er ist. Sie hat dennoch verschiedene Möglichkeiten, proaktiv zu handeln.

Sie kann überlegen, ob sie sich intern oder extern auf einen anderen Job bewirbt. Sie kann sich bewusst machen, dass diese Teamkonstellation nicht ewig währen wird. Sie kann ihren Blick auf den Kollegen verändern. Er ist erfahren und erfolgreich. Möglicherweise kann sie davon irgendwie profitieren. Sie kann ihrem Kollegen gegenüber selbstsicher und klar ihre Grenzen kommunizieren.

Alltag in der Familie: ein junges Paar mit zwei kleinen Kindern. Beide sind berufstätig. Es kostet viel Kraft, den Alltag zu organisieren, im Beruf erfolgreich und belastbar und zugleich eine gute Mutter und Ehefrau zu sein. Die junge Frau ärgert sich immer mehr über ihre

Doppel- und Dreifachbelastung. Immer muss sie die Kinder aus der KiTa abholen. Und schnell noch einkaufen. Das »bisschen« Haushalt machen. Und er? Er macht den Sonnenschein-Papi und liest abends die Gute-Nacht-Geschichte vor. Immer hängt alles an ihr. Sie denkt: »Im nächsten Leben bleibe ich Single.«

Die junge Mutter ärgert sich zu Recht. Ändern wird sich dadurch nichts. Da hilft nur ein klares Gespräch mit ihrem Mann über ihre Rollen- und Aufgabenverteilung. Sie kann ihm schildern, wie sie die Situation momentan erlebt. Wertfrei und ohne Vorwurf. Dann kann sie konkrete Vorschläge nennen, die sie entlasten können. Vorschläge, die verbunden sind mit einer klaren Bitte an ihn. Nur so wird sich die Situation ändern können.

Wir haben immer Spielräume. Mal sind sie klein, mal auch sehr groß. Innerhalb dieses Rahmens können wir selbstverantwortlich für uns wirksam werden.

Was Beziehungen trägt

Im Leben geht es immer auch um die Gestaltung von Beziehungen. Beziehungen in der Familie, kollegiale Beziehungen, Beziehungen zwischen Vorgesetzten und Mitarbeitern, Freundschaftsbeziehungen, Paarbeziehungen: Es menschelt überall. Daran ändert sich auch im Zeitalter der Digitalisierung nichts.

In Beziehungen spielt Selbstverantwortung eine zentrale Rolle. Sie ist entscheidend dafür, dass gute Beziehungen gelingen können. Das ist vielen Menschen nicht bewusst. Sie verhalten sich alles andere als selbstverantwortlich in ihren Beziehungen. Im Gegenteil, sie machen andere Menschen für ihr Glück und Wohlergehen verantwortlich.

Oft haben wir hohe Erwartungen an den anderen. Erwartungen, die den anderen überfordern, ihm Druck machen und Stress erzeugen. *»Du musst …«, »Ich erwarte von Ihnen …«, »Du sollst mich glücklich machen!«, »Du musst immer für mich da sein«, »Du musst dir mehr Zeit* *für mich nehmen«*, »Ich gehe davon aus, dass Sie …« Die Liste lässt sich vielfältig fortsetzen.

Damit machen wir uns abhängig und unfrei.

Was und wie viel erwarten Sie von anderen? Wofür übernehmen Sie selbst die Verantwortung?

Ein Klient klagte einmal, dass seine neue Partnerin wohl nicht die Richtige sei für eine feste Beziehung. Sie könne sowas nicht. Sie wolle sich zu sehr selbst verwirklichen. Ich musste lange darüber nachdenken. Was war so schlimm daran?

Menschen, die sich selbst verwirklichen, leben frei und unabhängig von Erwartungen an andere. Sie entscheiden eigenverantwortlich über ihr Leben. Sie sind zufrieden aus sich selbst heraus. Sie können andere loslassen und sein lassen, wie sie sind. Sie brauchen andere nicht, um sich selbst gut zu fühlen. Sie klammern nicht. Sie können dem anderen Raum für seine freie Entfaltung lassen.

Das ist eine gute Grundlage für reife und verantwortungsvoll gestaltete Beziehungen. Beziehungen, getragen von persönlicher Freiheit und von der eigenen Verantwortung für das persönliche Wohlergehen.

Niemand kann uns glücklich, zufrieden oder motiviert machen. Wir können es nur aus uns selbst heraus sein. Dann können wir uns im Miteinander wohl fühlen. Solche Verbindungen sind leicht, unbeschwert und wohltuend, weil sie ohne Erwartungsdruck sind. Darauf können wir uns voller Vertrauen einlassen. Im Idealfall können wir uns in diesen Beziehungen miteinander persönlich entfalten.

Wünsche und Bitten können dabei in einem gemeinsamen Entwicklungsprozess entstehen. Sie haben, anders als Erwartungen, keinen Erfüllungsdruck. Beziehungen, die auf Wünschen und Bitten basieren, sind entspannt. Sie sind frei von Erwartungen und getragen von dem beiderseitigen Wunsch, dass der andere sich in der Verbindung gut aufgehoben und verstanden fühlt.

Eigenverantwortliches Verhalten ist die Basis für gelingende Beziehungen, private ebenso wie berufliche. Übernehmen Sie selbst die Verantwortung für ihr Wohlergehen in Beziehungen.

Wie wir miteinander reden

Die Art und Weise, wie wir miteinander reden, zeigt, wofür wir uns verantwortlich fühlen.

Wir kommunizieren nicht immer offen, klar und ehrlich. Wir sprechen vieles nicht an, obwohl es uns wichtig wäre. Unbequeme Wahrheiten verschweigen wir manchmal lieber, als darüber zu reden. Schwierige Themen kehren wir gerne unter den Teppich. Oft aus Angst vor möglichen Streitigkeiten und eventuell nötigen Veränderungen.

Dabei haben wir durchaus auch gute Absichten. Wir wollen anderen nicht wehtun. Das ist gut gemeint. Möglicherweise endet es aber in einem handfesten Streit. Dann, wenn die unter den Teppich gekehrten Themen per Zufall doch zu Tage treten.

Gerade Unausgesprochenes kann verletzen. Auch einem anderen Menschen etwas vorzuenthalten oder es bewusst zu verheimlichen, um ihm nicht wehzutun, ist eine Art von Bevormundung. Damit übernehmen wir die Verantwortung für seine Reaktion. Wir glauben zu wissen, wie er reagieren wird. Und wir trauen ihm nicht zu, erwachsen und eigenverantwortlich mit den unangenehmen Themen umgehen zu können. *Das* ist verletzend!

Woher wollen wir wissen, ob die Information verletzt? Vielleicht ist es gar nicht so? Vielleicht ließe sich alles in einem guten Gespräch begründen, erklären und verstehen?

Wie der andere auf unser Gesagtes reagiert, ist allein seine Entscheidung. Dafür ist nur seine subjektive und individuelle Sicht auf die Dinge maßgebend. Die können wir nicht kennen. Die Verantwortung dafür liegt ausschließlich bei ihm. Da gehört sie hin, da sollte sie bleiben.

Selbstbestimmtes, eigenverantwortliches Kommunizieren heißt nicht, immer den Weichspülgang einzulegen. Solange wir klar, deutlich und ehrlich kommunizieren, können wir auch unangenehme Themen ansprechen. Wir sollten anderen zutrauen, damit umgehen zu können.

Jeder lässt die Verantwortung da, wo sie hingehört. Der »Sender« einer Nachricht ist verantwortlich für den guten Ton. Der »Empfänger« ist verantwortlich für seine Reaktion. Beide sind verantwortlich für Konfliktklärung, falls erforderlich.

Das hat etwas mit Demut vor der subjektiven Wirklichkeit anderer Menschen zu tun. Achten Sie sie und konzentrieren Sie sich auf den Teil der Kommunikation, für den nur Sie selbst verantwortlich sind.

Auf der Basis von Zuversicht und Hoffnung

Selbstverantwortung zu übernehmen bedeutet, nach Lösungen zu suchen, anstatt im Problem zu verharren. Dafür ist ein Blick nach vorne gefragt. Wer proaktiv handeln will, sollte die Welt positiv betrachten. Selbstverantwortliche Entscheidungen brauchen die Zuversicht und Hoffnung, wirksam Einfluss nehmen und Veränderung gestalten zu können.

Dabei hilft uns eine positive und optimistische Lebenseinstellung. Menschen, die aus belastenden und schwierigen Situationen herausfinden, sehen das Licht am Ende des Tunnels. Und zwar selbst dann, wenn die Situation ausweglos erscheint.

Der Pessimist dagegen hadert und zaudert mit allem. Sogar mit sich selbst. Pessimisten haben selten gesundes Ego. Sie finden immer das berühmte Haar in der Suppe. Das Glas ist immer schon halb leer. Wie sollen diese Menschen Lösungen entdecken? Wie sollen sie eigenverantwortlich handeln können?

Einen positiven Blick auf die Welt können wir uns aneignen. Gewöhnen Sie sich beispielsweise einen kurzen Tagesrückblick an. Führen Sie sich die Ereignisse, die Ihnen gutgetan haben, für die Sie dankbar sind, bei denen Sie erfolgreich waren, die einfach schön waren, kurz noch einmal vor Augen. Dafür brauchen Sie nur ein paar Minuten.

Vielleicht halten Sie Ihre Entdeckungen stichwortartig fest. Dann haben Sie schon bald eine Sammlung positiver Erinnerungen. Wenn Sie mal wieder im Stressmodus sind, schauen Sie in die Sammlung: Jedes Stichwort löst eine Erinnerung an ein positives Ereignis aus und es geht Ihnen unmittelbar besser. Vielleicht nicht so gut wie seinerzeit. Aber Ihre aktuelles Stresshormon-Level sinkt. Stattdessen werden verstärkt Hormone, die beflügeln und Energie stiften, gebildet. Das Glas wird wieder halb voll.

Damit ich an dieser Stelle nicht der Naivität bezichtigt werde: Natürlich weiß ich, dass die Welt nicht rosarot ist. Eine optimistische Sicht schließt jedoch durchaus nicht aus, auch mögliche Risiken, Konsequenzen und Unwägbarkeiten in den Blick zu nehmen. Im Gegenteil: Der kluge Optimist ist auch Realist. Deshalb schmieden realistische Optimisten meistens auch Plan B und Plan C. Das ist gesunder Zweifel und sinnvolle Risikoabwägung verbunden mit einer zuversichtlichen Haltung.

Wussten Sie schon, dass optimistische Menschen gesünder sind und eine um mehrere Jahre höhere Lebenserwartung haben als pessimistische Menschen? Dafür alleine lohnt es sich, die sich die optimistische Haltung anzueignen.

Achten Sie auch auf Ihre Sprache. Vermeiden Sie Negierungen. Unser Gehirn versteht keine Negation. »*Pass auf, dass du das Glas nicht wieder umwirfst*« ist eine gut gemeinte, aber nicht hilfreiche Empfehlung. Das Gehirn konzentriert sich auf das, was nicht sein soll. So sehr, dass am Ende genau das eintrifft. Und schon ist das Malheur passiert und der Rotwein ist auf der Tischdecke. Man nennt es eine sich selbst erfüllende Prophezeiung.

Sprechen Sie stattdessen immer über das, was Sie wollen. »*Stell das Glas bitte etwas weiter nach rechts. Da steht es sicherer*« wäre eine hilfreiche Formulierung.

So wie in dieser recht banalen alltäglichen Situation funktioniert es auch in komplexeren Lebens- und Berufssituationen. Beobachten Sie sich immer wieder in Ihrer eigenen Wortwahl. Halten Sie inne, wenn

Sie sich bei der Verwendung von Negierungen ertappen. Was wollen Sie stattdessen? Sprechen Sie darüber. Das ist eigenverantwortliches Sprechen über Möglichkeiten, Chancen und Lösungen.

Selbstverantwortlich zu handeln, ist wohl der wirkungsvollste und stärkste Ausdruck eines Ja zu sich selbst!

ᴏᴏ˜ Fallbeispiel: Der unangenehme Kollege

Ich greife hier noch einmal das schon oben aufgeführte Beispiel der Vertriebsmitarbeiterin auf, weil es anschaulich zeigt, dass es auch in einer scheinbar unbeeinflussbaren und unguten Situation Einflussmöglichkeiten gibt.

Die Frau ist in einem großen IT-Konzern tätig. Seit drei Jahren arbeitet sie erfolgreich im Vertrieb. Bisher war die Struktur dort so, dass sie alleine die Umsatzverantwortung für einen Kreis von ihr zugeordneten Kunden hatte. Im Rahmen einer Umorganisation wurden die Vertriebsstrukturen geändert. Neuerdings waren Teams von zwei oder drei Mitarbeitern gemeinsam für einen zugeordneten Kundenkreis verantwortlich.

Als Ergebnis der Umorganisation fand sich die junge Frau im Team mit einem langjährig erfahrenen und sehr erfolgreichen Vertriebsmitarbeiter wieder. Dieser Mitarbeiter war bei vielen Kollegen wegen seiner häufig cholerischen und wenig kollegialen Art sehr unbeliebt. Obendrein hatte er die Auffassung, dass Frauen im Vertrieb »fehl am Platz« sind. Frauen hatten dort seiner Meinung nach nichts zu suchen.

Meine Klientin hatte zu Beginn unseres Coachings bereits vier Monate im Team mit diesem Kollegen gearbeitet. Sie litt extrem unter der Situation. Fast täglich geriet sie mit ihrem Kollegen in heftige Auseinandersetzungen. Seine cholerischen Reaktionen belasteten sie sehr. Der Kollege ging immer wieder alleine zu Kunden und unterschlug ihr wichtige Informationen. In Kundensituationen war sie deshalb schlecht vorbereitet, machte Fehler und bekam negatives Feedback. Das wiederum bestärkte ihren Kollegen in seiner feindseligen Haltung gegenüber Frauen im Vertrieb.

Abends klagte sie ihrem Mann ihr Leid und erzählte ihm immer wieder, wie unerträglich der Kollege sei. *»Der Blödmann! Wenn er nicht wäre, würde ich gute Geschäfte machen!«, »Nur seinetwegen habe ich Probleme mit meinen Kunden!«, »Ich halte das nicht mehr aus. Das ist unerträglich mit ihm!«, »Seinetwegen werde ich dieses Jahr weniger Geld verdienen!«* So ging es manchmal stundenlang. Bis ihr Mann sich verweigerte und sagte: *»Jetzt hör endlich auf. Ich kann's nicht mehr hören. Überleg dir, ob du dir einen neuen Job suchst. Du bist gut qualifiziert und findest Alternativen!«*

Das war der Auslöser dafür, dass sie zu mir zum Coaching kam.

Gemeinsam arbeiteten wir an neuen Perspektiven, damit sie Wege aus der Opferhaltung heraus und in die Selbstverantwortung finden könnte.

Es ging um den Nutzen der momentanen Situation. Können Chancen darin liegen?

Wie sieht die Situation in ein, zwei oder fünf Jahren aus?

Was ist ihr wirklich wichtig? Welchen Preis ist sie bereit zu zahlen?

Wo sind ihre Grenzen der Belastbarkeit? Was könnte dazu beitragen, die Situation zu verschlimmern? Wie sähe jeweils das Gegenteil davon aus? Wäre es eine Option?

Wäre ein Jobwechsel eine Alternative? Wie ginge es ihr damit?

Wie kann sie in dieser Situation gut für sich und ihre Gesunderhaltung sorgen? Wer kann sie unterstützen? Was tut ihr gut? Was kann ihr helfen, immer wieder loszulassen?

...

Am Ende hatte meine Klientin Erkenntnisse für sich gewonnen, die ihr halfen, gelassener mit der Situation umzugehen. Sie war sich sicher, dass sie die Firma nicht verlassen wollte, weil sie dort sehr gute Entwicklungsperspektiven hatte. Außerdem fühlte sie sich unabhängig von der momentanen Situation dort wohl. Das wollte sie nicht wegen eines unangenehmen Kollegen aufgeben.

Sie realisierte, dass die nächste Umorganisation sicher war und es dadurch spätestens in zwei Jahren neue Teamkonstellationen geben würde. Der Kollege würde also nicht ewig ihr Teamkollege bleiben. Aus einer anderen Zeit- und Entfernungsperspektive betrachtet, verlor die Situation an Brisanz. Sie entwickelte die Haltung »*Nichts währt ewig, auch diese Situation nicht*«.

Sie betrachtete ihren Kollegen nun durch eine andere Brille. Sie erkannte, dass sie von seinem Erfahrungsschatz profitieren konnte. Er war der erfolgreichste Vertriebsmitarbeiter und sie wollte von ihm lernen. Indem sie aufhörte, nur den »Blödmann« in ihm zu sehen, veränderte sich ihr Verhalten. Das veränderte auch seine Reaktionen positiv. Er fühlte sich respektiert und genoss es, dass sie seine Kompetenz schätzte.

Wie das Leben manchmal spielt, half auch der Zufall bei der Entschärfung der Situation. Sie begegneten sich zufällig auf einer Ausstellungseröffnung und entdeckten ihre gemeinsame Vorliebe für die moderne Kunst. Das verband sie auf einmal und wirkte positiv in den Arbeitsalltag hinein. Ihr Umgangston wurde respektvoller.

Die Klientin musste jeden Abend über eine Brücke nach Hause fahren. Sie nahm sich vor, den mittleren Brückenpfeiler als Stopp-Zeichen für die Gedanken an den Tag in der Firma zu sehen. Bis zum Erreichen des Pfeilers ließ sie die Gedanken zu. Danach waren alle Arbeitsthemen bis zum nächsten Morgen tabu. Sie stellte sich vor, wie sie die Gedanken in einem Korb packte und diesen oben an der Spitze des Pfeilers festmachte. Da würden sie auch morgen noch sein. Dort könnte sie sie am nächsten Tag auf dem Weg zur Arbeit wieder aufgreifen und mitnehmen, wenn sie es wollte.

Das half ihr, abzuschalten, und die Situation zuhause entspannte sich.

Die junge Frau konzentrierte sich auf ihren Einflussbereich. Sie war nicht länger Opfer der Umstände, sondern eigenverantwortliche Gestalterin.

Fragen, die Sie sich stellen können

- Was wäre der Gewinn, wenn ich Erwartungen an andere losließe?
- Wovor habe ich Angst, wenn ich Erwartungen loslasse?
- Was ist mein Anteil daran, dass es gerade so ist, wie es ist?
- Wofür bin ich in dieser Situation verantwortlich? Wo endet meine Verantwortung?
- Wie gehe ich mit Rückschlägen in meinem Leben um?
- Was kann mir helfen, versöhnlich mit mir selbst und anderen umzugehen? Was hilft mir, vom Denken in Schuld und Vorwurf loszulassen?
- Wenn Schuld keine Rolle spielte, worum ginge es dann?

∠ Anregung zur Selbstreflexion
Der Bühnenbeleuchter

Nehmen Sie sich etwas Zeit und reflektieren Sie Ihre momentan »brennenden« Themen im Leben. Welche Themen beschäftigen Sie immer wieder? Worüber regen Sie sich immer wieder auf? Wo stecken Sie in immer gleichen Problemgedanken fest, fast wie in einer Problemtrance? Womit hadern Sie? Wobei fühlen Sie sich hilflos und ausgeliefert? Wo suchen Sie nach Schuldigen oder Verantwortlichen?

Welches dieser Themen ist gerade besonders wichtig, belastend oder energieraubend? Stellen Sie sich vor, wie ein heller Scheinwerfer, ein Spot, darauf gerichtet wird. Als ob das Thema auf einer Theaterbühne läge und der Bühnenbeleuchter eine sehr helle und leistungsstarke Lampe gezielt so darauf gerichtet hätte, dass dieses für Sie momentan scheinbar unbeeinflussbare und schwierige Thema im Lichtfokus stünde.

Nehmen Sie wahr, was Ihnen durch den Kopf geht.

Stellen Sie sich jetzt vor, der Beleuchter richtete den Scheinwerfer dann auf eine andere Stelle der Bühne. An dieser Stelle der Bühne sind mögliche Haltungen, Einstellungen und Mottos zu sehen, die Ihnen helfen können, loszulassen. Beispielsweise: *»Es ist, wie es ist, und gehört zu meinem Leben«, »Ich kann mich anders entscheiden«, »Ich werde es lösen.«* Nehmen Sie auch diese aufmerksam wahr. Welche Haltung könnte jetzt für Sie hilfreich sein?

Stellen Sie sich auch vor, wie jetzt mögliche Lösungen angestrahlt und fokussiert werden. Welche Lösungen könnte es geben? Was entdecken Sie? Welche Ideen fallen Ihnen ein?

Machen Sie sich Notizen, damit Sie Ihre Gedanken und Ideen nicht vergessen.

Immer dann, wenn Sie im Alltag merken, dass Sie sich hilflos äußeren Umständen und anderen Menschen ausgeliefert fühlen und damit hadern, schalten Sie Ihr Bühnen-Beleuchter-Kopfkino ein. Richten Sie den Scheinwerfer auf die andere Seite der Bühne und fokussieren Sie Lösungen, Einflussmöglichkeiten und hilfreiche Einstellungen.

Verändern Sie immer wieder Ihren Blickwinkel, weg von den unbeeinflussbaren Aspekten und hin zu Ihrem Gestaltungsspielraum und Einflussbereich.

▇▇ Übung: Ein unangenehmer Mensch

Immer wieder werden wir mit schwierigen und scheinbar ausweglosen Dingen, Situationen und Problemen konfrontiert. Oft sind es auch andere Menschen, die uns das Leben schwermachen. Es ist kaum auszuhalten. Wir wehren uns dagegen, suchen Schuldige, hadern, jammern und kämpfen mit allen Mitteln dagegen an.

Wir können auch eine andere Haltung dazu einnehmen. Eine Haltung, die uns zu mehr Gelassenheit verhilft und uns aus der Opferrolle herausbringt. Eine Haltung, die uns darin unterstützt, die Dinge manchmal einfach sein zu lassen, wie sie sind. Ohne uns aufzuregen und auch dann, wenn sie nicht gut sind. Nicht alles können wir ändern. Manchmal bleibt uns nur eine gelassene Einstellung dazu.

Die Gelassenheit können wir auf ungewöhnliche Art trainieren: Wir ordnen jede dieser unabänderlichen Situationen einmal nicht als Zumutung ein, sondern als Gelegenheit, uns darin zu üben, gelassen zu bleiben, Unabänderliches anzunehmen, zu akzeptieren und loszulassen. Eben eine annehmende Haltung gegenüber den Zumutungen des Lebens zu üben.

Sie haben es täglich mit Menschen zu tun, die Ihnen nicht liegen, die Sie nicht mögen, die Sie aufregen, über die Sie sich ärgern, die sich unverschämt verhalten oder einfach unangenehm sind. Suchen Sie sich jeden Tag den unangenehmsten Menschen aus, der Ihnen über den Weg läuft oder mit dem Sie sogar gemeinsam arbeiten müssen.

Betrachten Sie ihn als Trainingspartner in Ihrem Trainingsprogramm für mehr Gelassenheit. Bleiben Sie ruhig, wenn Sie mit diesem Menschen zusammen sind. Begegnen Sie ihm lächelnd. Lassen Sie im Hintergrund einen Kopfkino-Film laufen, der Sie ablenkt, amüsiert, anregt, auf ganz andere Gedanken bringt. Seien Sie freundlich, auch wenn Ihnen nicht danach ist. Stellen Sie sich vor, Sie hätten einen Schutzanzug an, an dem alle Ärgernisse abprallen.

Machen Sie den unangenehmen Zeitgenossen so zu Ihrem nützlichen Sparringspartner für die Entwicklung von mehr Gelassenheit.

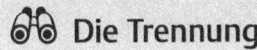 Die Trennung

Eine Geschichte zur Bedeutung von Selbstverantwortung

Während einer eigenen Fortbildung konnte ich die außergewöhnliche Geschichte eines anderen Teilnehmers hören. Wir hatten in dieser Fortbildung als Aufgabe, uns eine Erfahrung in Erinnerung zu rufen, die uns selbst nachhaltig verändert hat und an der wir persönlich gewachsen sind. Wir sollten uns zu zweit zusammenfinden und einander davon erzählen.

Mein Gesprächspartner erzählte mir die Geschichte seiner Trennung. Er war zwanzig Jahre verheiratet, hat zwei fast erwachsene Kinder und war zufrieden mit seinem Leben. Von einem Tag auf den anderen änderte sich das. Wie es so oft passiert, entdeckte er durch einen dummen Zufall, dass seine Frau seit zwei Jahren in einer Parallelbeziehung mit einem anderen Mann lebte.

Mein Gesprächspartner war zutiefst verletzt und erbost, geschockt, wütend, traurig. Er tat, was wohl die meisten in dieser Situation spontan machen: Er trennte sich von seiner Frau, zog aus und klagte darüber, was seine Frau ihm angetan habe. Er war das verwundete Opfer. Seine Frau die Schuldige.

In seinem Freundeskreis wurde er in seiner Haltung bestätigt. Man bemitleidete ihn. *»Wie konnte sie dir sowas antun?!«, »Da kannst du nur so schnell wie möglich die Scheidung einreichen!«, »Du Armer! Versuch sie so schnell wie möglich zu vergessen«, »Gut, dass du schnell ausgezogen bist. Halt Abstand von ihr. Sie tut dir nicht gut!«*

Nur sein bester Freund, der ihn und seine Frau sehr gut kannte, dachte anders. Er lud ihn auf ein Glas Wein ein, um mit ihm zu reden. Er sagte einen für meinen Gesprächspartner entscheidenden Satz: *»Trennung ist nicht die einzige Option. Denk mal drüber nach!«*

Mein Gesprächspartner wusste zunächst nicht, was er damit meinte. Immer wieder sprachen sie miteinander. Irgendwann, so erzählte er mir, sei es ihm wie »Schuppen von den Augen« gefallen. Er merkte, dass er bisher nur in Vorwürfen und Schuldzuweisungen gedacht hatte. Damit hatte er es sich einfach gemacht. Er hat vermieden, sich mit sich selbst und dem eigenen Anteil an allem auseinanderzusetzen. Auf einmal erinnerte er sich an viele kleine und am Ende große Signale seiner Frau, dass sie nicht mehr glücklich mit ihm war. Er merkte, dass er sie alle ignoriert hatte.

Im Verlauf einer Therapie erkannte er nach und nach, was sein Anteil am Scheitern der Ehe war. Er erkannte auch, dass er seine Frau zurückgewinnen wollte.

Er nahm den Kontakt zu ihr wieder auf.

Ganz langsam fanden sie eine neue Art, miteinander zu kommunizieren. Sie kamen sich wieder näher. Sie sprachen über das, was sie in der Beziehung vermisst hatten. Sie sprachen offen und ehrlich über ihre Bedürfnisse. Über das, was sie brauchten, um glücklich sein zu können. Sie sprachen über Vergebung und Versöhnung. Und sie verliebten sich wieder.

Nach fast drei Jahren Trennung wurden sie wieder ein Paar. Ein völlig anderes Paar als vorher. Ein glückliches Paar. Ein Paar, das an der Trennung gewachsen ist und sich frei gemacht hat von Schuld und Vorwurf.

Mein Gesprächspartner sagte, dass er jetzt die schönste Ehe führt, die es gibt. Er war seinem Freund dankbar. Ohne ihn hätte er nicht aus der Opferrolle herausgefunden. Er war sich seiner eigenen Verantwortung in der Ehe bewusst geworden.

Kapitel 9
Selbstregulierung

Ich sorge für meine innere Balance

Ich habe bereits erwähnt, dass ich gerne esse und trinke. Gerne auch deftig. Manchmal packt mich sogar nachts die Lust darauf. Wenn beispielsweise Reste von Kartoffelsalat und Blut- oder Leberwurst im Kühlschrank sind. Dann kann es passieren, dass ich mitten in der Nacht aufstehe und voller Lust und Genuss davon esse. Herrlich!

Sonntags gönne ich es mir, aufzustehen, wann mein Körper meint, er sei ausgeschlafen. Da ich kein Morgenmensch bin, kann das schon mal spät sein. Dann freue ich mich wie ein kleines Kind auf ein ausgiebiges Frühstück mit allem Drum und Dran. Danach kann ich stundenlang lesen, gar nichts machen, mein kosmetisches Schönheitsprogramm starten, in der Sonne sitzen, schreiben … Wunderbar!

Oder auch mal der genussvolle Moment, in dem mein innerer Schweinehund siegen darf. Wenn ich mich nicht von der Couch bewege und das Sportprogramm einfach ausfallen lasse.

Ich habe jetzt Lust auf …

Solche Momente sind beispielhaft für viele Möglichkeiten, spontan einfach genau das zu machen, wonach uns gerade ist. Sie kennen solche Momente bestimmt auch. Momente, in denen wir, ohne nachzudenken, unseren unmittelbar auftretenden Gefühlen von »Ich habe jetzt Lust auf …« folgen. Das sind Momente voller Lebensfreude und Genuss. Das sind Momente, in denen wir uns selbst guttun.

Dürfte mein innerer Kritiker in den oben beschriebenen Situationen mitreden, würde er mich erinnern, dass ich nicht unkontrolliert essen soll, weil es ungesund ist und obendrein dick macht. Er würde mich ermahnen, dass ich es mit Faulenzen nicht weit bringen werde. Der innere Kritiker käme dann daher wie ein strenger Vater oder eine strenge Mutter. Er würde mir ordentlich den Spaß verderben.

Glücklicherweise begnügt er sich inzwischen – wir hatten ja hinreichend Auseinandersetzungen über seinen Part in meinem Leben (sehen Sie Kapitel 1) – meist mit der Rolle des wohlmeinenden und kompetenten Beraters. Der sagt, dass es schon okay ist, nachts an den Kühlschrank zu gehen. Es ist okay, mal so richtig ungesund, fett und viel zu essen. Die Bedingung, die er stellt, ist die, dass es Ausnahmen bleiben. Er ermahnt, dass der Völlerei auch wieder Tage mit Bewegung und gesunder Ernährung folgen sollen. Das ist ein guter Deal. Darauf lasse ich mich gerne ein. Schließlich möchte ich gesund sein und meine Figur halten.

Stille, so laut, dass man sie hören kann

Es ist nicht nur lustvoll schön, sondern auch wichtig, ab und zu mal den Tag einfach verstreichen zu lassen und nur zu tun, worauf wir gerade Lust haben. Das darf auch mal gar nichts sein. Gerade dann entstehen kreative Ideen. Gerade dann kommen wir zur Ruhe und nehmen Abstand von all den täglichen Anforderungen. Momente der stillen Muße können besonders lustvoll, genussreich und freudig sein. Besonders dann, wenn die Stille um uns herum so still ist, dass wir sie fast schon wieder hören können. Viel zu selten gönnen wir uns diese Art Genussmomente. Probieren Sie es einmal aus.

Wenn Sie es zuhause nicht ruhig genug haben, fahren Sie an einen stillen Ort. Vielleicht für ein paar Tage in die Berge. Vielleicht führt Sie eine Wanderung auf ein Bergplateau, wo es absolut still ist. Eine Stille, so still, dass sie fast schon wieder laut ist. Ich erinnere mich noch gut an ein solch wirklich besonderes Erleben von Ruhe. Ein Moment, so wunderbar, dass ich ihn mir ab und zu zurückhole. Dann, wenn ich in einen meiner Tagträume abtauche.

Mit Tagträumen können wir uns eine wohltuende kleine Pause zwischendurch verschaffen und uns Momente der Lust und Freude in den Alltag holen. Wenn es gerade nicht rund läuft oder anstrengend ist, tut das besonders gut. Probieren Sie auch das einmal aus.

Viel zu selten tun wir nichts. Im ständigen Streben nach Bestleistung verlieren wir uns in einem manchmal übertriebenen Aktivismus. Selbst in der Freizeit »müssen« wir andauernd irgendetwas. *»Ich muss heute Abend noch joggen gehen«, »Ich muss jetzt für das Schulfest backen«, »Wir müssen mal wieder ins Kino gehen«, »Wir müssen mal wieder die Nachbarn einladen.«* Sobald wir müssen, ist es keine spontane Lust und Freude. Überlegen Sie, ob Sie es wirklich wollen. Wenn nicht, lassen Sie den Schweinehund siegen oder sagen Sie Verabredungen auch einmal ab. Insbesondere die, die zur lästigen Routine geworden sind. Gönnen Sie sich in Ihrer Freizeit immer wieder auch Mußestunden.

Muße muss sein!

Muße macht kreativ!

Muße ist gesund!

Es gibt unendlich viel, was uns Genuss und Freude bereiten kann. Welche spontanen Genussideen haben Sie? Wobei sind Sie voller Lebensfreude und Genuss, egal ob es vernünftig ist? Wann lassen Sie sich so richtig unkontrolliert fallen?

Sehnsüchte und Wünsche

Vielleicht schreiben Sie es, wenn Ihnen etwas durch den Kopf geht, was Sie gerne einmal machen möchten, sofort auf. Sammeln Sie, worauf Sie Lust haben. Und zwar ohne Schranke im Kopf und ohne Tabus. Alles ist erlaubt. Kleinigkeiten ebenso wie große Vorhaben. Sie können später noch streichen, wenn Sie etwas für nicht machbar, richtig, gut, möglich oder genussvoll halten. Nicht alles, was Ihnen einfällt, muss tatsächlich gemacht werden: Hier gibt es kein Muss. Also, nur zu. Sammeln Sie Ihre persönlichen Sehnsüchte und Wünsche. Wenn Sie wieder einmal freie Zeit haben, schauen Sie auf die Liste. Vielleicht ist etwas dabei, was Sie gerade jetzt besonders reizt. Machen Sie es!

Pflegen und fördern Sie Ihre Impulse, Lust auf etwas zu haben und dem dann auch nachzugeben. Das ist vielen Menschen in den täglichen Herausforderungen und Routinen abhandengekommen. Sie wissen nicht, was sie für sich tun können.

Viel zu angestrengt leben wir immer noch oder vielleicht sogar mehr denn je nach dem Motto »Erst die Arbeit, dann das Vergnügen«. Viel zu sehr sind wir in ein Korsett aus einengenden Regeln und Konventionen eingeschnürt, so dass es schwerfällt, uns frei zu bewegen. Legen Sie das Korsett ab und erlauben Sie sich, was Ihnen guttut. Sie werden die sinnvollen und notwendigen Grenzen des Genusses kennen und achten. Die sind meist viel weiter gesteckt, als wir gemeinhin annehmen.

Leben voller Lust und Freude

Wir wollen Lust, Genuss und Freude erleben. Das ist gut so. Manchmal trauen wir uns aber nicht. Wir kontrollieren uns in vielen Situationen so sehr, dass uns viele wohltuende Momente im Leben entgehen. Meist dann, wenn wir schon als Kind erfahren haben, dass unsere Bedürfnisse nicht »richtig« sind. Wenn wir beispielsweise mit sehr viel Kontrolle durch Regeln und moralische Werte erzogen wurden. Wenn wir erfahren haben, dass unsere Wünsche nicht »okay« sind, vielleicht sogar dafür bestraft wurden. Dann sind wir gefangen in Gedanken wie *»Ich habe es nicht verdient, Spaß am Leben zu haben«, »Erst die Arbeit, dann das Vergnügen«, »Das macht man nicht«, »Das ist schlecht«.*

Das betrifft alle Lebensbereiche und auch unsere Sexualität, obwohl die meisten Menschen das nicht wahrhaben wollen, lieber dazu schweigen. Deshalb hier ein Wort dazu: Sexualität ist ein Grundbedürfnis des Menschen. Es ist noch nicht lange her, da galt sie dennoch als etwas Schmutziges. Die sexuellen Bedürfnisse waren »verboten«. Je nachdem, wie stark Sexualität im Elternhaus tabuisiert wurde, begleiten die daraus resultierenden Ängste und das schlechte Gewissen auch Erwachsene noch. Gerade in unserer Sexualität kann es sich zeigen, wie sehr wir verlernt haben können, voller Lust, Genuss und Freude zu leben. So sehr, dass wir uns sogar unsere Grundbedürfnisse nicht frei von schlechtem Gewissen erfüllen.

Nebenbei erwähnt: Wussten Sie schon, dass Sex die nachweislich wirkungsvollste Entspannungsmethode ist? Wussten Sie schon, dass regelmäßiger lustvoller Sex das Schlaganfall-Risiko um bis zu 50 Prozent senken kann? Es gibt keinen Grund für eine Tabuisierung!

Und so ist es mit den meisten anderen Ideen zu »*Ich habe jetzt Lust auf ...*« auch.

Jeder, der einmal mit Sterbenden in Verbindung war, weiß es: Am Ende zählen nicht äußere Erfolge oder materieller Reichtum. Das erfüllte Leben drückt sich in anderem aus. Das sind die vielen genutzten Gelegenheiten, lustvoll und freudig zu leben; die Wünsche, die wir uns selbst gewährt haben; das Zusammensein mit Menschen, die wir geliebt haben und denen wir unsere Zeit und Nähe geschenkt haben; Momente des Glücks; die ergriffenen Chancen, uns für etwas Sinnvolles zu engagieren; getan zu haben, was uns ausmacht; die erfüllten Sehnsüchte, verfolgten Interessen und Wünsche; etwas Bleibendes geschaffen zu haben; die tiefen Momente des Innehaltens ...

Genuss, Lust und Freude sind gesund, wirken lebensverlängernd und stressreduzierend. Sie sind wahre Lebenselixiere!

Genussvoll und freudvoll zu leben, ist Teil gesunder Selbstregulierung.

Aus dem Hemd springen

Die andere Seite der Medaille sind Gefühle, die wir rücksichtslos und unkontrolliert negativ ausleben. Solche Momente kennen Sie bestimmt auch. Momente, in denen wir völlig die Fassung verlieren, unserem Ärger Luft machen und uns aufregen. Momente, in denen wir so richtig »aus dem Hemd springen«. Auch das sind impulsive, unüberlegte Reaktionen auf spontane Bedürfnisse und Gefühle – allerdings fernab von Lust, Genuss und Freude. Dann sagen wir Dinge, die wir mit etwas Überlegung nicht sagen würden. Wir beschimpfen vielleicht jemand anderen, werden laut, vielleicht aggressiv und verletzend, zynisch oder streitsüchtig. Bestimmt sind wir dann nicht freundlich. Gut, wenn uns dann der innere Kritiker mit aller Strenge mahnt, damit nicht allzu viel Porzellan zerschlagen wird. Er kann beruhigen und Vernunft einfordern. Tut er aber nicht immer.

Unter Stress und Druck bin ich gereizt und angespannt. Ich wache schon mal nachts auf und hänge in einem negativen Gedankenkarussell fest: *»Das schaffst du nie«*, *»Du Schaf, wieso hast du wieder erst kurz vor knapp mit der Vorbereitung angefangen?«*, *»Was soll bloß werden, wenn der Auftrag platzt?«* Manchmal verschärfe ich die Situation noch, indem ich mich über mich selbst ärgere: *»Mensch, Julitta, gerade du müsstest es doch besser können. Erzählst anderen Menschen, wie sie gut mit Ärger und Stress umgehen können, und selbst kriegst du es nicht auf die Kette!«* Auch das ist impulsiv, unkontrolliert und negativ in der Wirkung.

Bestimmt kennen Sie diese nächtlichen Gedankenspiralen. Besonders zwischen zwei Uhr und vier Uhr rauben sie uns den Schlaf. Dann ist in unserem Körper die Menge stimmungstrübender Hormone erhöht. Alles, was uns belastet, wird dann in Gedanken noch bedrohlicher. Dann wird aus einer Mücke ein Elefant.

Es liegt in der menschlichen Natur, dass wir uns in Ärger- und Stress-Situationen nicht kontrolliert und vernünftig verhalten. Das ist in Ordnung. Das ist menschlich. Wir sind eben fehlbare Wesen. Das sollten wir uns zugestehen.

Und doch ist es wichtig, dass wir uns so oft wie möglich in unseren affektiven Erstreaktionen sinnvoll regulieren und steuern können. Damit wir die in Mußestunden gewonnene Energie in sinnvolle Aktivitäten lenken können. Damit wir uns beruhigen können, wenn wir uns mal wieder so richtig aufregen. Damit der Ärger uns nicht um den Schlaf bringt. Damit wir in einer guten inneren Balance zwischen Lust und Frust, zwischen Genuss und Askese, zwischen Freude und Ärger sind. Das Wechselspiel zwischen kontrollierter, vernünftiger und impulsiver, unüberlegter Reaktion mündet in eine gesunde innere Balance. Auch das erfordert Selbstregulation. Und dazu gehört Selbstberuhigung in Situationen starker negativer Affekte.

Vom Mond aus betrachtet ist es halb so schlimm

Wie kommt es immer wieder zu Ärger, der uns nicht loslässt und uns in übertriebener Weise reagieren lässt?

Stellen Sie sich vor, Sie fahren in Urlaub. Endlich zwei Wochen Sonne und Meer. Sie haben ein Zimmer mit Meerblick in einem schönen Strandhotel gebucht. Am Urlaubsort angekommen, erfahren Sie, dass es einen Buchungsfehler gegeben hat. Sie haben nun ein Zimmer ohne Meerblick. Nehmen wir an, Sie gehören zu den Menschen, die sich durch so etwas aus der Fassung bringen lassen. Dann ist folgende Szene vorstellbar: Sie lassen Ihren ganzen Unmut an der Mitarbeiterin an der Rezeption aus. Sie schimpfen, klagen und werden laut. Sie brüllen los: »*Das darf doch nicht wahr sein! Sie sind verantwortlich dafür, dass jetzt mein ganzer Urlaub verdorben ist! Das wird Konsequenzen haben!*« Da Sie viel zu sehr auf diesen einen Aspekt Ihres gesamten Urlaubs fokussiert sind, kann er bedrohliche Ausmaße annehmen. Sie machen aus einer Mücke einen Elefanten!

Nichts im Leben ist ganz so wichtig, wie Sie denken, dass es sei, während Sie darüber nachdenken.

Daniel Kahnemann

Nüchtern betrachtet hängt Ihr Urlaub von vielen Faktoren ab: Service, Ausstattung und Lage des Hotels, die Attraktivität des Urlaubsortes, Strand und Meerwasserqualität, Ausflugsmöglichkeiten, Wetter, die anderen Urlauber, das Angebot an guten Restaurants und Bars, Sportangebote, kulturelle Möglichkeiten – das alles zusammen ist gemessen an Ihren Bedürfnissen entscheidend dafür, ob Ihr Urlaub erholsam wird oder nicht. Natürlich ist die Panne beim Zimmer ärgerlich. Es ist aber ein vergleichsweise kleiner Aspekt des gesamten Urlaubspaketes.

So ähnlich ist es in vielen alltäglichen Ärger-Situationen auch. Je stärker wir uns auf einen einzigen ärgerlichen Aspekt fokussieren, desto größeren Einfluss auf die Bewertung der Gesamtsituation erlangt er. Würden wir stattdessen die gesamte Situation aus der Distanz und durch ein Weitwinkelobjektiv betrachten, verlöre dieser eine Teilaspekt an Bedeutung.

Ein Kollege sagte einmal diesen wunderbaren Satz: »*Denk immer dran, vom Mond aus betrachtet ist alles halb so schlimm!*« Wir nehmen vieles und uns selbst viel zu wichtig. Aus der Distanz betrachtet ist es überhaupt nicht mehr bedeutungsvoll. Vielleicht hilft Ihnen dieser Satz in der nächsten Ärger-Situation? Mir hat er schon mehrfach geholfen, mich wieder in Balance zu bringen.

Schauen Sie in einer klaren Nacht wieder einmal zu den Sternen und dem Mond am Himmel hinauf: Sie sind wunderschön und der Blick in den Sternenhimmel macht uns immer wieder bewusst, wie winzig klein alles, was wir glauben wichtig nehmen zu müssen, tatsächlich ist.

Der eigene Anteil am Ärger

Oftmals ist der Ärger in etwas anderem begründet, als wir denken. Ärger hat häufig etwas mit uns selbst zu tun. Beispielsweise dann, wenn unser Gegenüber etwas besser kann als wir. Womöglich würden wir es selber gerne können, bekommen es aber einfach nicht so gut hin wie er. Vielleicht kann er viel besser als wir klar und überzeugend reden und argumentieren. Wir wissen genau, dass wir mit unserer zögerlichen Art nicht dagegen ankommen werden. Dann sind ärgerliche Kleinigkeiten aus seinem Mund noch ärgerlicher, weil uns deutlich wird, dass er es besser kann als wir. In solchen Situationen bauscht der Ärger hinter dem Ärger – unser Ärger über uns selbst – alles noch mehr auf.

Vielleicht verhält sich der andere so, dass uns durch ihn eigene Schwächen und Schattenseiten klarwerden. Je mehr wir uns über diese Unzulänglichkeiten ärgern, desto heftiger reagieren wir auf den anderen. Wenn er beispielsweise völlig ruhig auf Kritik reagiert, ärgern wir uns umso mehr, je mehr uns stört, dass wir impulsiv sind. Dann ärgern wir uns am meisten über uns selbst.

Manchmal löst eine Situation auch einen alten, längst vergessen geglaubten Schmerz in uns aus. Je größer dieser Schmerz war, desto heftiger fallen unsere Reaktionen aus. Die zynische und herablassende Art eines anderen kann uns möglicherweise an Erlebnisse aus unserer Kindheit erinnern. Vielleicht haben wir wenig liebevolle Zuwendung erfahren und fühlten uns nicht angenommen. In der aktuellen Situation können Erinnerungen an den Schmerz aus der Kindheit erneut aufkommen. Unbewusst wird der Basis-Ärger dadurch größer.

Indem wir uns bewusstwerden, dass Ärger durch vielfältige, auch in uns selbst begründete Themen ausgelöst werden kann, nehmen wir ihm ein Stück seiner Brisanz.

Wann reagieren Sie impulsiv und unkontrolliert? Was ärgert Sie so sehr, dass Sie extrem reagieren? Was hat der Ärger mit Ihnen selbst zu tun? Wie wäre es aus einer großen Distanz betrachtet?

Freude und Leid: beides gehört zum Leben

Die Seite der prallen Lebenslust und die Seite des Frustes, des Ärgers, des Stresses erfahren wir ständig in unserem Leben. Beides darf sein, jedenfalls bis zu einem vernünftigen Maß. Erst in der Übertreibung wird es gefährlich. Dann, wenn wir beispielsweise immerfort essen und trinken, ohne je auf unsere Gesundheit und unser Gewicht zu achten. Oder wenn wir nur noch in den Tag hineinleben und damit unsere Existenz aufs Spiel setzen. Wenn wir uns mit unserem Ärger dauerhaft um den Schlaf bringen. Wenn wir andere Menschen mit unseren Reaktionen tief verletzen.

Der Verstand ist unsere Kontrollinstanz, die der Übertreibung entgegenwirkt. Erst wenn wir impulsgesteuerte und verstandesmäßig kontrollierte Anteile in einer gesunden Balance halten können, regulieren wir uns selbst optimal. So dass wir - ohne schlechtes Gewissen - uns erlauben, uns zu freuen, und es uns gönnen, Spaß zu haben.

Gleichzeitig können wir maßvoll auch negative Gefühle an uns heranlassen und aushalten, ganz ohne Selbstvorwürfe. Wir können uns wohldosiert selbst motivieren und auch selbst beruhigen.

So sorgen wir gut für uns, für unsere innere Balance. Selbstregulierung ist Selbstfürsorge!

∞ Fallbeispiel: Vom Umgang mit sich selbst

Eine junge Frau kam zu mir ins Coaching. Sie arbeitete in einem mittelständischen Unternehmen als Marketingassistentin. Es war ihre erste Stelle nach dem Studium. Sie war ehrgeizig und arbeitete viel, machte dauernd Überstunden und war auch zuhause und im Urlaub für Berufliches erreichbar. Sie hielt sich für unabkömmlich und wollte alles perfekt machen. Ihr Privatleben vernachlässigte sie und ihr Leben geriet aus der Balance.

Meine Klientin ignorierte alle Warnsignale ihres Körpers. Sie schlief schlecht, hatte immer häufiger Kopfschmerzen und wurde zunehmend gereizter. Eine gute Freundin sprach sie eines Tages an und bot ihr an, ihr zu helfen. Meine Klientin reagierte gereizt, fühlte sich unter Druck gesetzt und sagte ihrer Freundin, sie solle sich um ihre eigenen Angelegenheiten kümmern. Mit der Zeit verlor sie ihre ohnehin spärlichen Sozialkontakte.

Ihr Akku war irgendwann leer. Sie fühlte sich niedergeschlagen, war emotional erschöpft und hatte den Kontakt zu sich selbst verloren. Auf meine Frage, was sie für sich selbst tue und was ihr guttue, auch wenn es ihr gerade nicht gut gehe, wusste sie keine Antwort. Sie hatte die Regie über ihr Leben verloren. Szenen zu Lebensqualität und Lebenszufriedenheit kamen nicht mehr vor in ihrem Drehbuch.

Ich begleitete die Klientin ein Stück auf ihrem Weg zurück zu innerer Balance. In kleinen Schritten lernte sie, sich selbst wieder zu spüren. Ganz langsam empfand sie wieder Freude und Genuss. Wir hielten beispielsweise Coaching-Treffen bei Spaziergängen in der Natur ab. Sie entdeckte die wohltuende Wirkung der Natur für sich.

Nach und nach probierte sie aus, auch einmal nicht erreichbar zu sein. Sie reduzierte ihre ständige Informationssuche im Internet und stellte fest, dass Ausstieg aus der Datenflut keine großen Verluste, aber reichlich Gewinn bringen kann.

Anstatt eine To-do-Liste abzuarbeiten, experimentierte sie mit einer Not-to-do-Liste. Dabei identifizierte sie viele Aufgaben, die sie delegieren konnte. Und sie stellte fest, dass viele ihrer Tätigkeiten gar nicht wichtig waren und sie diese fortan unterlassen oder reduzieren konnte, wie beispielsweise die Lektüre zahlreicher Marketing-Newsletter.

Die junge Frau entdeckte wieder, was ihr Freude machte. Sie trieb wieder Sport, hatte Freude an der Natur, traf sich mit Freunden.

Am Ende des Coaching-Prozesses antwortete sie auf meine Abschlussfrage nach ihren wichtigsten Erkenntnissen, sie habe erkannt, dass sie ihrer Arbeit einen viel zu hohen Stellenwert in ihrem Leben eingeräumt und darüber versäumt habe, immer wieder für Ausgleich und energiestiftende Momente zu sorgen. Sie sagte: *»Das Wichtigste für mich war, dass ich gelernt habe, mir mit gutem Gewissen Lebensfreude zu erlauben. Gleichzeitig habe ich gelernt, mich weniger anzustrengen und meine Energien sinnvoll für das wirklich Wichtige in meinem Leben einzusetzen. Und ich freue mich darüber, dass ich mich nur noch selten wirklich aufregen kann.«*

Fragen, die Sie sich stellen können

- In welchen Situationen neige ich dazu, impulsiv zu reagieren und die Fassung zu verlieren?
- Was ist es, was mir manchmal oder vielleicht oft das Leben schwermacht?
- Von welchen Dingen lasse ich mich ärgern?
- Welche Momente haben einem hohen Lust- und Genussfaktor für mich?
- Was tue ich für mich selbst?
- Wann und wobei habe ich mich das letzte Mal spontan und unkontrolliert in eine Situation voller Lebensgenuss fallen lassen?

∠ Anregung zur Selbstreflexion
Vom Elefanten zur Mücke

Oft machen wir aus kleinen Ärgernissen riesengroße Probleme. Indem wir Einzelaspekte zu sehr in den Fokus rücken, wird aus der berühmten Mücke ein schwergewichtiger Elefant. Das geht auch andersherum. Üben Sie sich darin, die Dinge nicht so sehr aufzubauschen. Schauen Sie aus einer gewissen Distanz durch das Weitwinkelobjektiv. Gehen Sie gedanklich auf Abstand zu Ihrem Ärger und nehmen Sie das ganze große Bild wahr. Denken Sie daran: »Vom Mond aus betrachtet ist alles nur noch halb so schlimm!«

Bagatellisieren Sie Ihre Ärgernisse. Machen Sie aus Ihrer Elefanten-herde einen Mückenschwarm. Welche Elefanten zählen zu Ihrer Herde? Sammeln Sie in Gedanken Ihre Elefanten:

- Bei welchen Themen neigen Sie dazu, sie aufzubauschen?
- An welchen reiben Sie sich immer wieder?
- Welche Themen sind ausgewachsene Schwergewichte und begleiten Sie schon länger?
- Welche sind in letzter Zeit dazugekommen und zählen noch zu den Jungtieren?

Nennen Sie Ihre ganz persönlichen Elefanten beim Namen, schreiben Sie diese auf.

Überlegen Sie zu jedem Thema, wie Sie daraus eine Mücke machen können:

- Was kann konkret dabei helfen?
- Wie wäre es, wenn es nur noch eine Mücke wäre?
- Was wäre dann anders?
- Was wäre das Gute daran?

Sie brauchen ja nicht die ganze Herde auf einmal zu verwandeln. Lassen Sie sich einmal täglich durch Ihr Smartphone an den Satz »Ich mache aus meinen Elefanten Mücken!« erinnern. Oder gestalten Sie diesen Satz als Bildschirmschoner. Oder wählen Sie Ihr neues Password aus den Anfangsbuchstaben: ImamEM.

●─● Übung: Ich habe einen Traum

In kleinen Auszeiten können wir Momente der Lust, des Genusses und der Freude in unseren Alltag bringen. Sie motivieren und stiften neue Energie. Solche Momente können helfen, sich in akuten Ärger-Situationen zu beruhigen. In unseren kleinen Pausen zwischen unseren Pflichten können wir uns kleine Genussmomente verschaffen, sei es durch einen kurzen Spaziergang oder ein 5-Minuten-Sonnenbad. Doch dafür haben wir nicht immer Zeit und Raum. Dann sind Tagträume wunderbar geeignet, uns mit Genuss, Lust und Freude zu erfüllen.

Gönnen Sie sich zwischendurch Ihre eigenen wohltuenden Kopfkino-Vorstellungen. Welchen Film möchten Sie schauen? Sie haben vielleicht bestimmte Wohlfühlorte, an die Sie sich in Gedanken begeben. Vielleicht an einen Ort am Meer? Vielleicht auf eine Wiese? Vielleicht in eine gemütliche Ecke zuhause? Oder Sie tauchen in ein schönes Erlebnis in der Vergangenheit ein. Sie können auch eine Begegnung, die Ihnen gutgetan hat, vor Ihrem geistigem Auge Revue passieren lassen. Es kann auch eine besonders amüsante Erinnerung sein. Humor ist bekanntlich die beste Medizin für vieles, auch um Ärger zu bagatellisieren. Sie dürfen auch in erotischen Fantasien schwelgen. Niemand sonst merkt es. Was auch immer Sie wählen, es wird Ihnen guttun.

Tagträumen können Sie mit offenen Augen und bei vollem Bewusstsein. Schauen Sie einfach einen Moment aus dem Fenster und lassen Sie die Bilder, die Sie gewählt haben, vorbeiziehen.

Tagträume sind sehr hilfreich bei langweiligen Meetings, uninteressanten Gesprächspartnern, langweiligen Abenden mit unliebsamen Gästen, auf Bahnhöfen oder Flughäfen, auch allein zuhause, auf einer Parkbank, als Ablenkung in schlaflosen nächtlichen Grübelphasen. Je nach Situation können Sie währenddessen Interesse am realen Geschehen vortäuschen. Niemand wird merken, wo Sie gerade sind.

Träumen Sie sich ab und an einfach an einen anderen Ort, in eine andere Zeit oder in eine fantasievolle Geschichte – ganz wie es Ihnen guttut.

■⊦■ Übung: Abend-Ritual

Zelebrieren Sie abends vor dem Schlafen gehen ein Ritual zur Beruhigung. Wenn Sie mögen, machen Sie sich einen Schlummertrunk, zum Beispiel einen Tee. Bereiten Sie ihn in aller Ruhe zu.

Setzen Sie sich damit auf ihren Balkon oder stellen Sie sich an ein weit geöffnetes Fenster. Auch im Winter. Ziehen Sie sich warm an, vielleicht schon einen flauschigen Bademantel. So, dass Sie sich anschließend gleich gemütlich ins Bett legen können.

Schauen Sie sich den Nachthimmel mit Mond und Sternen an. Lassen Sie Ihren Gedanken freien Lauf. Bei Wolken betrachten Sie die Gestirne mit Ihrem inneren Auge: Sie wissen ja, dass sie immer da sind.

Lassen Sie allen Ärger und Stress des Tages hinter sich. Denken Sie daran: Vom Mond aus betrachtet ist alles halb so schlimm!

Falls Sie den Abend zusammen mit Ihrem Partner oder Ihrer Partnerin verbringen, genießen Sie gemeinsam diese wohltuenden Minuten. Nehmen Sie sich in den Arm und spüren Sie die Nähe Ihrer Körper.

Genießen Sie Ihren wärmenden und beruhigenden Schlummertrunk ganz langsam und Schluck für Schluck. Seien Sie dabei still. Auch, wenn Sie zu zweit sind. Lassen Sie Ihre Gefühle sprechen. Spüren Sie sich und den anderen ohne Worte.

Beenden Sie dieses Abend-Ritual nach einigen Minuten und verabschieden sich vom Abendhimmel in eine erholsame Nacht.

👀 Die Auszeit

Eine Geschichte zur Bedeutung von Selbstregulierung

An dieser Stelle erzähle ich Ihnen von einem eigenen Erlebnis.

Es ist halb zehn Uhr morgens an einem ganz normalen Wochentag. Ich sitze noch beim Frühstück, werde gleich in aller Ruhe ein paar Zeitungen lesen, überlege mir dann, was ich heute wirklich gerne machen möchte, wen ich treffen möchte, genieße noch ein wenig den Ausblick auf meiner kleinen Terrasse und freue mich auf den Tag.

So oder ähnlich begannen meine Tage im letzten Sommer. Ich hatte mich für eine vierwöchige Auszeit entschieden.
Eine Auszeit zuhause auf Balkonien.
Eine Auszeit von allem Alltäglichen und von allem, was mit meiner Arbeit zu tun hat.
Eine Auszeit ohne jede Verpflichtung, ohne Planungen und frei von Terminen.
Eine Auszeit für mehr Kreativität.
Eine Auszeit, in der ich mir lediglich täglich vier bis fünf Stunden kreative Schreibzeit verordnet hatte. Zeit, um das Manuskript für dieses Buch fertigzustellen.

Dabei habe ich mich zur Mail-Abstinenz entschieden. Ich schaute lediglich einmal wöchentlich in meinen Posteingang und reagierte nur auf Mails, die so wichtig waren, dass ich sie sofort beantworten wollte.

Die Flut der überflüssigen Informationen, die regelmäßig in meinem Postkorb landeten, habe ich radikal auf die wirklich sinnvollen und bereichernden Themen minimiert. In diesem Zusammenhang hatte ich 90 Prozent meiner Newsletter-Abos abbestellt. Herrlich!

Ich schaute nur ab und zu einmal ins Internet und in meine Social-Media-Accounts. Wenn, dann nur kurz und zielgerichtet, ohne mich in geistlosen Meldungen zu verlieren.

Meinen Kalender habe ich in dieser Zeit frei gehalten von jeglichen im voraus geplanten Terminen und Verabredungen. Ich lebte meine Tage spontan und ungeplant und ließ mich überraschen.

Nach knapp der Hälfte dieser Zeit stellte ich Veränderungen fest.
Veränderungen, die mich nachdenklich machten.
Veränderungen, die ich mir unbedingt bewahren wollte.
Veränderungen, die mir meine innere Ruhe zurückgaben.
Veränderungen, die mich achtsamer werden ließen.
Veränderungen, die mich mir selbst wieder näherbrachten.

Ich war wieder in der Lage mit absoluter Konzentration lange Texte zu lesen, ohne gedanklich abzuschweifen. Ich konnte wieder dicke Bücher lesen. Themen, die mich interessierten, versuchte ich aus unterschiedlichen Perspektiven zu betrachten. Mein Informationsstand bekam wieder Tiefgang.

Ich schlief, wie ein Baby, ohne wach zu werden. Es schien nichts mehr zu geben, was mich so sehr beschäftigte, dass es mich nachts um den Schlaf bringen konnte. Ich entschied, mich nicht mehr über irgendetwas zu ärgern und war offenbar frei und unbelastet von negativen Gedanken.

Ich machte Dinge, die ich sonst nicht machte, und erlebte die Tage intensiv. Beim aufmerksamen Bummel durch diverse Stadtviertel entdeckte ich viele Orte der Inspiration: kleine Galerien, interessante Buchläden, nette Straßen-Cafés und kleine Restaurants, schöne Plätze zum Verweilen und viele Orte, an denen ich bisher oft vorbeigegangen war.

Ich merkte, dass ich wieder Kreativität entwickelte. Mir kamen Ideen in den Sinn und ich entwickelte neue Perspektiven auch für meine berufliche Entwicklung und den dafür nötigen Mut, sie umsetzen zu wollen. Ich spürte wieder große Lust auf Vieles und erlebte mich lebendig und energievoll. Meine Neugier auf das Leben wuchs.

Seither habe ich wieder, wie früher immer, ein Skizzenbuch und einen Zeichenstift in meiner Handtasche. Wenn ich irgendwo auf einer Bank sitze oder in einem Café, halte ich meine Eindrücke in kleinen Skizzen fest. Meine Künstlerseele, die so lange nicht mehr gelebt hatte, weil vermeintlich so viele andere Themen wichtiger waren, erwachte wieder.

Ich schrieb die Texte für mein Buch mit unerwarteter Leichtigkeit und merkte, dass mein Schreibstil locker wurde. Die Gedanken zu den Buchinhalten flossen leicht und fast von alleine. Meine Lust am Schreiben wuchs.

Es machte Spaß, wieder persönlich zu kommunizieren, anstatt miteinander zu texten. Ich erlebte wunderschöne Zeiten mit Menschen, die mir wichtig sind. Ich ging erwartungsfrei mit ihnen um. Kein Plan, kein Druck, kein Müssen, nur reales Miteinander-Sein. Eine völlig andere Qualität der Beziehungen entstand. Eine Qualität geprägt von Interesse aneinander, Nähe und Tiefe.

Mein Fazit: Eine zeitlich begrenzte Auszeit, eine Zeit des Loslassens ist eine besondere Erfahrung. Es ist wohltuend, stiftet Energie und setzt kreative Potenziale frei. Vieles von dem alltäglichen Wahnsinn relativiert sich. Diese Zeit des Innehaltens schenkte mir puren lustvollen Lebensgenuss.

Loslassen von Allem klärt den Geist.
Loslassen bringt innere Ruhe.
Loslassen ist emotional.
Loslassen bringt neue Qualität in zwischenmenschliche Verbindungen.
Loslassen macht lebendig.
Loslassen macht die eigene Selbstwirksamkeit spürbar.
Loslassen macht frei von äußeren Erwartungen.
Loslassen verändert.
Loslassen macht stark!
Loslassen von Allem braucht keinen Ortswechsel und keine Ablenkung. Im Gegenteil!

Und noch etwas: Jeder kann das für sich realisieren, wenn er wirklich will. Es müssen ja nicht gleich vier Wochen sein. Regelmäßige kleine Auszeiten vom Alltag haben eine ähnliche Wirkung. Ich verabrede mich seither einmal wöchentlich mit mir selbst zu einer solchen kleinen Auszeit. Manchmal nur eine Stunde, manchmal mehr, manchmal auch ein ganzer Tag. Es ist eine wohltuende Routine geworden.

Kapitel 10
Selbstentfaltung

Ich befreie und entwickle mich

Nach der Schule zog ich in meine erste eigene kleine Studenten-wohnung in Köln. Ab sofort konnte ich tun und lassen, was ich wollte. Ich war frei von den manchmal strengen elterlichen Vorgaben. Ich war unabhängig und selbständig.

Mir ist meine Studentenzeit als eine Zeit in Erinnerung, in der ich erstmalig spürte, dass ich mich veränderte und entwickelte. Ich lebte und genoss das Leben und war glücklich, energievoll und lebendig. Es tat mir gut und ich wurde neugierig auf mich selbst.

Für diese Zeit bin ich heute noch dankbar.

Später waren in erster Linie gravierende Umbrüche in meinem Leben Auslöser für nächste Entwicklungsschritte. Das waren meistens keine einfachen Lebensphasen. Doch immer spürte ich am Ende, wieder ein Stück mehr ich selbst geworden zu sein. Ich fühlte mich innerlich stär-ker als zuvor und freier von äußeren Erwartungen und Zwängen.

Auch für diese Zeiten bin ich im Rückblick dankbar.

Von der Raupe zum Schmetterling

Sie haben, wenn Sie sich in der Reihenfolge dieses Buchs mit den Aspekten eines starken Ego befasst haben, viel für die Stärkung Ihres Selbst getan. Jetzt geht es um Ihr persönliches Wachstum, Ihre stetige Weiterentwicklung zu Freiheit, Reife und Entfaltung Ihrer eigenen Persönlichkeit. So werden sie immer mehr Sie selbst mit all dem, was Sie ausmacht und was Ihnen wichtig ist. Der Prozess ähnelt dem der Verwandlung einer Raupe in einen wunderschönen Schmetterling, allerdings mit dem Unterschied, dass Sie sich Ihr gesamtes Leben lang weiterentwickeln, entfalten und erblühen können.

Ziel des Lebens ist Selbstentwicklung.
Das eigene Wesen völlig zur Entfaltung zu bringen,
das ist unsere Bestimmung.

Oscar Wilde

Selbstentfaltung ist ein lebenslanger Prozess. Er verläuft mal mehr, mal weniger intensiv. Sie entscheiden jederzeit, wie sehr Sie sich darauf einlassen und wie stark Sie die Entwicklung vorantreiben. Wie auch immer Sie sich entscheiden, erst wenn Sie Ihren letzten Atemzug tun, ist Ihre persönliche Entwicklung vollendet. So weit vollendet, wie Sie es selbst zugelassen haben.

Bis zum Ende haben Sie jederzeit die Chance, zu werden, wie Sie sein möchten.

Der Vergleich zur Entstehung eines Schmetterlings ist ein schönes Bild für unsere persönliche Entfaltung. Wenn sich eine Raupe in ihren Kokon einspinnt, dann beginnen Zellveränderungen. Die alten Zellen fangen an sich aufzulösen, während parallel schon neue Zellen entstehen. Sie bereiten die Entwicklung zum Schmetterling vor. Sie tragen bereits alle Informationen für den späteren Schmetterling in sich. Wissenschaftler nennen diese neuen Zellen »imaginativ« oder »Imago-Zellen«. Sie imaginieren den Schmetterling vor seiner eigentlichen Entstehung.

Die neuen Zellen werden von der Raupe anfangs abgelehnt und bekämpft. Sie verteidigt das Alte. Einmal in Gang gekommen, lässt sich der Prozess des Wandels zum Schmetterling aber nicht mehr aufhalten. Die neuen Zellen werden immer mehr. Der Schmetterling will sich entwickeln und irgendwann stellt sich die Raupe nicht mehr dagegen. Der Schmetterling entsteht.

Die Metamorphose von der Raupe zum Schmetterling ist in manchem mit dem Prozess der Selbstentfaltung des Menschen vergleichbar. Auch dabei gibt es Widerstände von außen und aus uns selbst heraus.

Eigentlich wissen wir bereits, wohin die Reise gehen kann. Wir haben alles bereits in uns. Es braucht manchmal das Einfügen weiterer Puzzlesteine, um das Bild von uns Selbst voll zu entfalten. Irgendwann sind es genug und wir trauen uns, geben den inneren Widerstand auf und wagen, sobald wir uns so stark und mutig fühlen, den nächsten Schritt zu uns selbst. Das geschieht häufig dann, wenn wir genug darüber wissen, wer wir sein wollen. Dann sind wir autark genug, uns aus dem alten Kokon zu lösen.

Selbstentfaltung meint die Entfaltung der eigenen Möglichkeiten und Talente, die Entwicklung der eigenen Identität und Persönlichkeit sowie die Verwirklichung eigener Träume und Sehnsüchte.

Viele Menschen kennen ihre Talente, Möglichkeiten, Sehnsüchte und Träume nicht und wissen nicht, wer oder wie sie wirklich sein und leben möchten.

Wie genau wissen Sie es? Wie möchten Sie sein? Was macht Sie aus?

Es gibt kein Zurück, es geht immer voran

Sich seiner selbst sicher sein, wissen, was uns ausmacht und was wir wollen, ist die gute Ausgangsbasis für persönliche Entfaltung. Im Kapitel 5, bei dem für das gesunde Ego so wichtigen Aspekt »Selbstsicherheit«, befassen wir uns deshalb auch mit dem »Ich möchte« statt »Ich muss«. Sich von manchen vertrauten und anerzogenen Dogmen, die uns hemmen, zu verabschieden, erleichtert die Entfaltung neuer Facetten unserer selbst. Wenn wir uns tatsächlich entfalten wollen, kann uns gewohntes Verhalten nützlich sein. Doch es kann auch sein, dass alte Verhaltensmuster wenig nützlich sind, beispielsweise wenn uns noch immer ein Familiencredo wie »Schuster bleib bei deinen Leisten« hemmt. Dann entdecken wir stattdessen besser unsere eigenen Vorgehensweisen. Wir probieren uns aus und testen neue. Bis wir gefunden haben, was zu uns passt und uns sein lässt, wie wir aus uns selbst heraus sein möchten. Bis wir unserer inneren Stimme folgen und das Leben führen und genießen, das wir führen wollen. Bis wir sinnerfüllt und zufrieden leben können.

Dafür gibt es kein Patentrezept. Das ist für jeden etwas anderes. Da gibt es kein Richtig und kein Falsch. Das ist zunächst auch unabhängig von einem materiellen Rahmen. Im Gegenteil. Materieller Wohlstand kann zuweilen hinderlich sein für die Selbstentfaltung. Es kann die persönliche Freiheit einschränken, wenn wir beispielsweise für die Aufrechthaltung materiellen Wohlstands den Bürostuhl zum Lebensmittelpunkt machen *müssen*. Doch letztlich hat jeder auch die freie Wahl, sich nur genau dann dafür zu entscheiden, wenn er es *will*.

Auf dem Weg unserer Selbstentfaltung müssen wir uns auf Gegenwind einstellen. Unser Umfeld wird nicht immer »Hurra« schreien, wenn wir uns einmal in großen Schritten entfalten und verändern und deswegen deutlich anders als bisher agieren. Man stempelt uns möglicherweise zu »Störenfrieden« und »Quertreibern« ab. Schließlich funktionieren wir nicht mehr wie erwartet und gewohnt. Wir sind nicht länger das passgenaue Zahnrädchen im Getriebe.

Wie die Raupe gegen die neuen Zellen kämpft, so werden auch wir vielleicht angegriffen, ausgegrenzt, angefeindet: *»Das kannst du doch nicht einfach so machen!«*, *»Was sollen denn die Nachbarn denken?«*, *»Du kannst nicht einfach machen, was du willst«*, *»Im Leben muss man immer auch mal zurückstecken!«*, *»Das gehört sich nicht.«* Weil wir alle gerne anerkannt sein wollen und uns zugehörig fühlen möchten, halten wir das schwer aus. Da kann es passieren, dass wir anfangen, sogar selbst an uns zu zweifeln.

Gedanken wie *»Es war doch eigentlich bisher alles gut. Warum lasse ich nicht einfach alles, wie es war?«*, *»Nein, ich drücke jetzt einfach die Reset-Taste und mache alles wieder wie früher!«*, *»Ich fühle mich gerade entwurzelt. So wollte ich das nicht«* begleiten uns auf einmal. Wir erinnern uns an das viele Gute, so wie es bisher war. Auch an die Bequemlichkeit der eingespielten Routinen. Die unangenehmen Erinnerungen blenden wir lieber aus.

Wir sehen uns vielleicht sogar zurück in unsere Komfortzone, die so bequem war, womöglich wollen wir uns am liebsten wieder in sie zurückziehen. Doch dahin führt kein Weg zurück, wenn wir uns einmal auf den Weg zur Entfaltung unserer eigenen Originalität gemacht haben.

Alter Kaffee, wieder aufgebrüht, schmeckt einfach nicht. Das merken wir dann sehr schnell. Dann scheitert beispielsweise die wiederaufgenommene, aber genauso wie zuvor fortgeführte alte Beziehung doch wieder. Dann meldet sich der Körper mit den altbekannten Symptomen, wenn wir den Job trotz neuer Alternative doch nicht wechseln, obwohl wir am falschen Platz sind und extrem darunter leiden.

Wenn sich jemand auf den Weg zu sich selbst gemacht hat, gibt es kein Zurück. Analog der verpuppten Raupe lässt sich der Prozess der Selbstentfaltung nicht aufhalten. Einmal in Gang gekommen, wollen und werden wir uns entwickeln, entfalten und neu erfinden. Wie ich damals in meiner Studienzeit. Das konnte ich für alle Zeiten nicht mehr bremsen. Zu groß ist der spürbare Zugewinn an Freiheit, Sinnerfüllung und innerer Stärke. Wer das erfahren hat, wer »Lunte gerochen« hat, der wird nicht mehr davon loslassen können. Der Drang, sich immer weiter zu entwickeln, ist dann mächtiger als alle Verlockungen der alten Komfortzone. Wir haben auf einmal Courage und wissen, welche Entscheidungen wir treffen wollen. Ganz egal, was andere darüber denken.

Persönliche Entfaltung treibt uns stets voran, wir spüren den inneren Drang, weiterzugehen, so dass wir unser Selbst leben können.

Ein steiniger Weg

Der Weg der eigenen Entfaltung ist manchmal steinig und voller Höhen und Tiefen. Entbehrungen, Ängste und Unsicherheiten gehören dazu. Es kann beispielsweise sein, dass wir uns von Menschen verabschieden, die uns wichtig und wertvoll waren und vielleicht auch immer noch sind, die aber nicht mehr zu uns passen und in deren Nähe wir uns nicht entfalten können, wie wir es gerne möchten.

Manchmal kommen wir auf unserem Weg durch das »Tal der Tränen«. Möglicherweise sind wir zeitweise einsam und alleine. Das kann uns in depressive Episoden führen. Zuweilen gehört auch das dazu. Wir sind nun einmal verletzlich und verwundbar. Auch das macht uns aus. Das können wir aushalten. Es geht vorüber.

Unter Umständen treffen wir Entscheidungen, die für andere Menschen verletzend und unangenehm sind. Der Weg zu uns selbst ist nicht unbedingt ein Weg nur in Harmonie mit dem Umfeld. Das schlechte Gewissen meldet sich meist umgehend: *»Das kann ich doch nicht machen! Ich habe kein Recht, anderen weh zu tun!«* Doch, manchmal ist das nötig, richtig und unvermeidbar.

Viele Menschen fürchten unbewusst die Anstrengungen der Selbstentfaltung. Deshalb arrangieren sie sich lieber mit ihrer Situation. Auch wenn es ihnen damit nicht gutgeht oder wenn sie sich darin selbst verleugnen müssen. Das ist bitter. Besonders bitter ist es, wenn falsche Arrangements getroffen werden, um einen materiellen Lebensstandard aufrechtzuerhalten oder um den sozialen Status und die damit verbundene Anerkennung nicht zu gefährden oder um nicht ins Gerede zu kommen. Das bedeutet, an leblosen Dingen festzuhalten, anstatt sich lebendig zu entfalten.

Am Ende intensiver Entwicklungsphasen steht – auch wenn es Schmerzhaftes dabei gab – meist das gute Gefühl, gewachsen und gereift zu sein. Auch das Gefühl, frei und unabhängig leben zu können. Das macht wirklich glücklich. Mindestens aber zufrieden, erfüllt, ausgeglichen, innerlich stark und selbstsicher. Das ist unsere Verwandlung von der Raupe zum Schmetterling. Wir fühlen uns beflügelt. Trotz manchmal großer Widerstände. Der Rausch der Glückshormone kann süchtig machen nach weiterer Entfaltung.

Selbstentfaltung braucht Freigeister

Ich bin mir ziemlich sicher, dass Sie, ebenso wie ich auch, schon Äußerungen wie *»Der ist halt schwierig!«*, *»Ich bin eben so!«*, *»Keiner kann aus seiner Haut!«*, *»Sie ist wie ihre Mutter«* getan haben. Wir schreiben Menschen gerne stabile Persönlichkeitsmerkmale zu und denken, dass sie ein Leben lang unveränderlich sind. Wir glauben zu wissen, wie jemand anderes »tickt«, und stecken andere Menschen gerne in Schubladen. Das ist zunächst einfach, aber es macht die Dinge tatsächlich nicht einfacher. Im Gegenteil: Selbstentfaltung wird dadurch begrenzt. Und zwar die der anderen ebenso wie die eigene. Wir können uns am besten gemeinsam mit und durch andere Menschen entfalten. Mit Menschen, die sich frei und unkonventionell verhalten. Mit Menschen, die nicht in »Schubladen« passen. Mit Querdenkern und Freigeistern. Mit ganz normalen Mitmenschen wie du und ich. Wer sich selbst entfalten will, braucht andere Menschen. Außergewöhnliche Impulse, Ideen und Inspirationen anderer sind fruchtbar und wichtig auf dem eigenen Weg zu persönlicher Entfaltung. So, wie wir selbst durch unsere Veränderungen auch andere inspirieren und beflügeln können. Das ist wertvoll. Daraus erwachsen Beziehungen, in denen sich die Partner miteinander und dennoch jeder frei und autark entwickeln. Insofern trägt Selbstentfaltung zu fruchtbaren und bereichernden sozialen Verbindungen bei.

Wer sich selbst entfaltet, ist tolerant und erkennt das individuelle Selbst der anderen Menschen an. Selbstentfaltung ist also niemals egozentrisch!

Die Stufen der Ich-Entwicklung

Lange Zeit meinte man, eine Persönlichkeit werde ausschließlich genetisch geprägt und sei ein Leben lang stabil. Inzwischen ist es erforscht und empirisch belegt, dass wir uns lebenslänglich in aufeinanderfolgenden Stufen entwickeln können. In fortgeschrittenem Erwachsenenalter sind in der Regel Umbrüche, Krisen, Schicksalsschläge und große Herausforderungen die Auslöser für weitere Entwicklung, Entfaltung und Veränderung, nicht selten gemäß dem Motto »Was mich nicht umbringt, macht mich stark!«.

Je nach Entwicklungsstand schauen wir unterschiedlich auf uns selbst, auf andere und auf die Welt. Entsprechend handeln und denken wir unterschiedlich.

Auf einer mittleren Entwicklungsebene orientieren wir uns beispielsweise an gesellschaftlich vorgegebenen Konventionen und Regeln. Das, was »man« macht, ist uns noch wichtig, um uns zugehörig zu fühlen. Wir verhalten uns, wie es von uns erwartet wird.

Je mehr wir unser Selbst weiterentwickeln und verändern, umso mehr lösen wir uns von dem, was andere für richtig halten. Konventionen und Normen übernehmen wir nicht, ohne sie zu hinterfragen. Wir verwerfen sie nicht einfach, aber wir überprüfen und gestalten sie. Wir entscheiden uns bewusst für oder gegen sie, je nachdem, wie nützlich sie für unsere eigene Entwicklung und Entfaltung sind. Je mehr wir uns entfalten, umso freier und unabhängiger werden wir. Das tut gut und weckt die Lust in uns, uns immer noch weiter zu entwickeln.

Wir handeln selbstverantwortlich, ohne unser Umfeld aus dem Blick zu verlieren. Das Umfeld ist aber nicht länger Taktgeber, sondern Teil eines großen Ganzen, das wir nach unseren individuellen Bedürfnissen mitgestalten.

Wir alle kommen mit einer genetischen Grundausstattung an Persönlichkeitsmerkmalen zur Welt. Dennoch ist die menschliche Persönlichkeit ein Leben lang wandelbar. Bis zu unserem Ende können wir uns immer wieder neu erfinden und entfalten. Die Entwicklung unserer Identität und unseres Selbst ist ein nie endender permanenter Prozess. Vorausgesetzt, wir lassen es zu.

Deshalb können wir uns so sehr verändern, entwickeln und entfalten, wie wir es selbst wollen und vorantreiben. Unser soziales Umfeld spielt dafür eine wichtige Rolle, aber es ist nicht starr. Wir können es nach unseren Belangen dynamisch gestalten. Wir dürfen uns den sozialen Raum schaffen, der uns guttut und uns in unserer Selbstentfaltung stärkt. Wählen Sie gut aus, wen Sie als Wegbegleiter mitnehmen.

Wir sind nicht. Wir verhalten uns. Und zwar immer wieder anders.

Du darfst dein Ändern leben!

Auf Spruchkarten und Internetseiten stolpere ich häufig über die Aussage »Du musst dein Ändern leben«. Der Satz drückt den wichtigsten Aspekt persönlicher Selbstentfaltung aus. Ich schätze ihn deshalb sehr, möchte am Ende aber das »Du musst« in »Du darfst« abwandeln: »Du darfst dein Ändern leben!«

Sich selbst zu entfalten bedeutet, sich zu ändern. Selbstentfaltung hat etwas mit dem Wunsch nach stetiger Verbesserung zu tun. Ähnlich, wie der Philosoph Peter Sloterdijk es in seinem Essay »Du musst dein Leben ändern« beschreibt. Sein Werk ist ein Plädoyer für die nie enden wollende Arbeit des Menschen an sich selbst, um sich als Individuum und dadurch auch die Welt zu verbessern.

Und doch bleiben wir vielfach auf der Stelle stehen. Kaum jemand ist bereit, sich von den hohen Ansprüchen und den damit verbundenen Anforderungen zu distanzieren. Immer weiter rennen viele Menschen im Hamsterrad, das von innen wie eine Karriereleiter aussieht. Bei genauerer Betrachtung stecken sie aber in einem Käfig im Hamsterrad, was eigene Entfaltung unmöglich macht.

Entfaltung bedeutet, zumindest ab und zu auszusteigen aus dem Hamsterrad. Entfaltung ist Veränderung bei uns selbst. Deshalb gefällt mir »Du musst dein Ändern leben« so gut. Nicht »Wir müssen uns ändern«, nicht »Man muss sich ändern«, nicht »Es muss sich etwas ändern« nein, »*Ich* muss mein Ändern leben«. Und zwar nur ich selbst.

Auch Rilkes Gedicht »Archaischer Torso Apollos« endet mit: »Du musst dein Leben ändern.« Wir selbst, niemand sonst kann das tun.

Selbstentfaltung bedeutet, sich auszuprobieren, sich Fehler zu verzeihen, lernen zu wollen, wissbegierig und neugierig zu sein, tief in der eigenen Seele verwurzelte Sehnsüchte aufzuspüren, sich zu trauen, mutig Altes hinter sich zu lassen, das zu tun, was beflügelt und uns in den »Flow« versetzt.

Möglicherweise denken jetzt viele von Ihnen »*Das sind doch Spinnereien*«, »*Die hat gut reden. Die ist ja so ein freier Vogel*«, »*Ich kann nicht so einfach aus meinem Käfig raus. Wie soll das denn gehen?*« Diese Zweifel werden immer auch in meinen Seminaren geäußert. Ich kann sie verstehen. Zu gut kenne ich sie selbst. Auch mich holen solche Gedanken immer wieder ein. Immer öfter erlaube ich mir allerdings, davon loszulassen und meinen Sehnsüchten zu folgen. Dafür reichen manchmal dreißig Minuten am Tag. Dreißig Minuten, um zu träumen. Dreißig Minuten, um etwas von dem, was meiner Seele guttut, tatsächlich zu tun. Dreißig Minuten, um mich zu entfalten. Wie ein Puzzle entsteht über die Zeit ein immer klareres Bild davon, wer und wie ich sein und leben möchte und wie ich es konkret umsetzen kann. Dabei bewahre ich mir einen Sinn für Realitäten und wäge Risiken ab.

Immer wieder mache ich mir in Zeiten des Zweifels und Zögerns bewusst: Ich darf mein Ändern leben. Es ist meine Wahl.

Sammeln Sie stetig – wie ich in Kapitel 9 im Zusammenhang mit der eigenen Sorge für innere Balance empfehle – Ihre »Ich habe jetzt Lust auf«-Ideen. Und setzen Sie immer wieder einmal einige davon um. Das wäre gut für Sie.

Nur wenn wir anfangen, uns zu ändern und unser Ändern zu leben, können wir Hamsterräder und innere Käfige verlassen. Dafür können wir mutig Risiken eingehen, Unannehmlichkeiten in Kauf nehmen und uns verletzlich und verwundbar machen, eben authentisch. Zeigen wir uns, wie wir tatsächlich sind und sein wollen. Probieren wir uns immer wieder in unserem Selbst, wie es sein könnte, aus. Selbstentfaltung ist Lernen am Selbst.

Selbstentfaltung ist nicht einfach, aber lohnenswert. Wir werden für die Mühen eine reiche Ernte einfahren. Wer sich selbst entfaltet,

- gewinnt Leichtigkeit und verliert Druck,
- wird weitgehend frei von äußeren Zwängen und Erwartungen,
- erlebt sich als durch und durch lebendig,
- findet Sinn, ist zufrieden und entdeckt vielleicht seine Berufung,
- entwickelt sich zum Freigeist und Querdenker,
- macht sich frei von überzogenen materiellen Ansprüchen,
- erlebt ein erfülltes Leben mit zahlreichen glücklichen Momenten,
- kann vertrauensvolle soziale Beziehungen gestalten,

- kennt nicht nur »entweder – oder« oder »richtig – falsch«, sondern das Dazwischen,
- ist aufrichtig und ehrlich und meidet falsche Kompromisse,
- probiert sich angstfrei aus und zeigt sich verletzlich,
- kann Regeln und Konventionen sinnvoll ändern und Erwartungen reduzieren,
- lässt die Finger von allem, was nicht zu ihm passt,
- tut, was Spaß und Freude bereitet,
- nimmt die eigenen Sehnsüchte und Träume ernst,
- ist selbstreflektiert und selbstkritisch,
- wächst an den Aufgaben des Lebens,
- folgt seiner inneren Stimme,
- tut, was ihm wichtig ist,
- und ist genau dadurch innerlich stark!

Erlauben Sie sich, zu werden, wer Sie sind!

Niemand sonst kann es tun.

∞ Fallbeispiel: Entscheidung für eine alte Rolle

Eine junge Frau kam zu einem Potenzialcoaching. Sie erzählte, sie wäre gerne Tierärztin oder Tierpflegerin geworden. Ihre Familie war dagegen gewesen. Die junge Frau war zum Zeitpunkt der Berufsentscheidung nicht stark und selbstbewusst genug gewesen, sich für ihre eigenen Wünsche und beruflichen Träume einzusetzen. Sie war den Wünschen ihrer Eltern gefolgt und hatte erfolgreich eine kaufmännische Ausbildung absolviert.

Ihre Vorgesetzten sahen nun Potenzial für eine schnelle Karriere in ihrem Beruf. Ihre Eltern waren darüber sehr erfreut. Sie empfahlen und überredeten sie, ein berufsbegleitendes Studium zu beginnen, um die Karrierechancen zu verbessern und sich das nötige Fachwissen anzueignen. Und so besuchte die junge Frau zweimal wöchentlich und samstags Veranstaltungen einer angesehenen Akademie. Der Arbeitgeber finanzierte diese Zusatzqualifikation.

Auch für ihre private Entwicklung hatte ihre Familie bereits einen guten Plan. Enkelkinder wollte man so bald wie möglich. Natürlich war klar, dass die Tochter dafür nicht den Beruf aufgeben sollte. Als junge und moderne Frau würde sie es dann schon schaffen, eine gute Mutter zu sein und gleichzeitig Karriere zu machen. Alles andere wäre nicht mehr zeitgemäß und obendrein altbacken und wenig emanzipiert. Deshalb erklärten sich die Eltern schon vorab bereit, die Betreuung der späteren Kinder zu übernehmen.

Alles schien perfekt geplant. Nur meine Klientin fühlte sich nicht wohl mit dem gut gemeinten, aber fremdbestimmten Lebensplan. Immer mehr spürte sie, dass sie nicht am richtigen Platz war. Die Erwartungen an sie waren nicht ihre.

Aber welche Erwartungen an das eigene Leben hatte sie? Wie wollte sie leben? Wer wollte sie sein? Darüber hatte sie noch nie wirklich nachgedacht. Darum sollte es in unserem Coaching gehen.

Die meisten Menschen haben einen roten Faden in ihrem Leben, der sie leitet – der ihnen aber gar nicht bewusst ist. Deshalb machen viele, was »man« von ihnen erwartet. Wie meine Klientin auch. Rückblicke verbunden mit Methoden der Biografie-Arbeit, mit Hilfe von Metaphern und Bildern und mit Reflexionsfragen ermöglichen es, den eigenen roten Faden wieder oder erstmalig zu entdecken. So leitete ich auch meine Klientin an, rückblickend von der Kindheit an zu erspüren, welche Wünsche, Sehnsüchte und Träume sie schon lange oder sogar immer schon hatte und noch hat.

Was hat sie als Kind gerne gemacht? Wer war wichtig und weshalb? Mit wem hat sie gerne gespielt, weshalb und was? Welche Filme, Bücher, Themen begeistern sie? Welche Schulfächer haben Spaß gemacht? Womit beschäftigt sie sich auch heute gerne? Was war und ist ihr wirklich wichtig? Wobei geriet sie immer schon ins Schwärmen? Was war ihr egal? Welche Anekdoten über sie werden im Familien- und Freundeskreis immer wieder erzählt? Wovon hat sie als Kind, Jugendlicher, junge Erwachsene geträumt? Wann und wobei fühlte und fühlt sie sich durch und durch lebendig? Welche Vorstellungen vom idealen Leben hat sie? In welchen Rollen fühlt sie sich wohl?

In welche Rollen ist sie als Kind gerne geschlüpft? Welche Fantasie-
gestalten haben sie beflügelt? Weshalb und was war an ihnen so
faszinierend? Wer und was hat sie besonders nachhaltig inspiriert?
Wie bei einem Puzzle fügten sich immer mehr einzelne Teilchen nach
und nach zu einem umfassenden Bild ihrer Persönlichkeit zusammen.
Ein Bild, wie sie gerne sein möchte. Ein Bild völlig anders als das Bild,
das andere Menschen für sie entworfen hatten.

Es stellte sich heraus, dass meine Klientin gerne Mutter mehrerer
Kinder wäre. Sie war durch und durch ein Familienmensch und würde nichts lieber tun, als sich »nur« um Familie und Kinder zu kümmern. Sie sah sich als Familienmanagerin, die in den häuslichen Aufgaben aufgehen wollte. Am allerliebsten würde sie auf einem um-
gebauten Hof in ländlicher Umgebung mit ihrer Familie leben. Dort
hätte sie Hunde, Katzen, vielleicht auch ein Pferd. Möglicherweise
könnte sie einen Ort daraus machen, der als Ausflugsziel für Familien
mit kleinen Kindern dient. Eine Art Kinder-Bauernhof. Dort wollte sie
Ferienbetreuungen für die Kinder berufstätiger Eltern anbieten. Da
sie immer schon gerne Familienfeiern organisiert hat, gefiel ihr auch
die Idee, Kindergeburtstage für andere Familien zu gestalten.

Meine Klientin hatte ihren roten Faden gefunden. Ihre Eltern waren
über diese sehr traditionelle und aus ihrer Sicht überholte Traumrolle
ihrer Tochter entsetzt. Doch die junge Frau hatte endlich gefunden,
was sie ausmacht, und war fest davon überzeugt, ihren Weg ändern
zu wollen. Egal, wie ihre Eltern darüber denken. Kein zweites Mal
würde sie sich abhalten lassen, zu tun, was ihr wichtig ist. Sie war
noch im Raupenstadium, doch der Prozess hin zur Entfaltung des
Schmetterlings war unaufhaltsam.

Man mag unterschiedlicher Meinung darüber sein, ob die Ideen meiner Klientin zeitgemäß sind. Was für mich bleibt, ist tiefer Respekt
davor, den eigenen Weg ungeachtet äußerer Erwartungen und
Widerstände gehen zu wollen. Und ich bin mir sicher, dass meine
Klientin ihren Weg nicht blauäugig und ohne Risikoabwägung gehen
wird. Die existenzielle Abhängigkeit von ihrem Partner ist keine Option für sie. Doch genug Ideen, für ihre existenzielle Unabhängigkeit
zu sorgen und dies mit der Wunsch-Familienrolle zu verbinden, hatte
sie schon jetzt.

Fragen, die Sie sich stellen können

- Ist das, worauf ich momentan viel Energie verwende, mir wirklich wichtig?
- Werde ich auch später noch froh sein, es getan zu haben?
- Was will ich in meinem Leben erlebt, gefühlt, erfahren, versucht, gemacht haben?
- Worauf will ich am Ende zurückblicken können?
- Was will ich wirklich? Wer möchte ich sein? Wie möchte ich leben?
- Was sind meine eigenen Erwartungen an das Leben?
- Von welchen »Ich muss«-Vorstellungen will ich mich endgültig verabschieden?
- Wie zufrieden bin ich mit meinem Leben?

◿ Anregung zur Selbstreflexion
Schreibmeditation

Sie wissen schon, dass ich viel auf die Kraft des Schreibens setze: Schreibend lassen sich Themen ergebnisoffen und frei von Schranken im Kopf erarbeiten, verarbeiten und strukturiert durchdringen. Schreiben kann Leichtigkeit in Gedanken bringen, ebenso wie Komplexität und Tiefgang. Schreiben ist eine kreative Art der Reflexion. Der Reflexion seiner selbst und von Themen, die gerade im Fokus stehen.

Schreibend können wir uns auch uns selbst und den nächsten Stufen der Selbstentfaltung nähern. Zum Prozess der Selbstentfaltung gehört es, sich von vielen gewohnten, eingeübten, anerzogenen und erwarteten Denk- und Verhaltensweisen zu verabschieden. Altes loslassen, um neuen Aspekten der Persönlichkeit Raum geben zu können. Das ist eine wichtige Komponente der Selbstentfaltung.

Probieren Sie aus, ob Sie sich schreibend einen Schritt der eigenen Entfaltung nähern können. Nehmen Sie sich 20 Minuten Zeit. Nicht mehr und nicht weniger. Setzen Sie sich an einen angenehmen Platz und sorgen Sie vorab dafür, dass Sie während dieser 20 Minuten ungestört sind.

Folgen Sie Ihrem ersten Impuls und beginnen Sie, Ihre Gedanken zu folgender Frage aufzuschreiben:

Was möchte ich hinter mir lassen, aufgeben, verabschieden, loslassen?

Schreiben Sie frei von literarischen Qualitätsansprüchen los. Schreiben Sie alles auf, was Ihnen dazu einfällt. Es kann eine wirre Aneinanderreihung spontaner Gedankenimpulse sein. Es kann auch eine fiktive und fantasievolle Erzählung werden. Alles ist richtig. Lassen Sie sich von Ihren spontanen Impulsen leiten.

Lesen Sie erst mit etwas Zeitabstand, was Sie geschrieben haben. Vielleicht am nächsten Tag. Was fällt Ihnen auf? Welche Schlüsse ziehen Sie daraus? Welche neuen Erkenntnisse gewinnen Sie? Welche nächsten Schritte wollen Sie gehen?

▣━▣ Übung: Was Sie positiv berührt

Ich bin eine Liebhaberin des kreativen Ausdrucks. Deshalb möchte ich Sie anregen, sich kreativ Ihren Sehnsüchten, Träumen und Wünschen zu nähern.

Gehen Sie in die nächste Bahnhofsbuchhandlung und investieren Sie in eine Reihe unterschiedlichster Zeitschriften. Kaufen Sie eine bunte Mischung von Magazinen. Angefangen von Nachrichtenmagazinen über Designmagazine, klassische Frauenmagazine, Zeitschriften für Hobbies, erotische Magazine, Wirtschaftsmagazine, Life-Style-Magazine – alles sollte dabei sein.

Blättern Sie zuhause darin und schneiden Sie *alles, was Sie unmittelbar emotional positiv anspricht,* aus. Texte ebenso wie Bilder. Sammeln Sie, bis Sie von allem etwas dahaben.

Dann nehmen Sie sich einen großen Bogen Zeichenkarton und kleben Ihre gesammelten Fundstücke darauf. Egal, ob wohlgeordnet oder wild durcheinander. Lassen Sie ein Bild der Themen entstehen, die Sie positiv berühren. Vielleicht wird es ein richtig schönes Bild. Sie können es um Anmerkungen, Skizzen und persönliche Fotos, Texte, Karten ergänzen. Wichtig ist nur, dass Aspekte zu sehen sind, die für Sie spontan und, ohne darüber nachzudenken, mit guten Gefühlen verbunden sind.

Dann bitten Sie einen oder mehrere vertraute Menschen, das Bild zu betrachten und spontan ihre Assoziationen dazu aufzuschreiben. Sie werden eine lange Liste mit unterschiedlichsten Begriffen erhalten. Da tauchen möglicherweise Begriffe wie lebendig, Bewegung, Freude, Ruhe, sinnlich, Erotik, Wärme, riskant, Dynamik, Stillstand, gemütlich auf. Was auch immer zu Papier kommt, es wird eine bunte Mischung entstehen.

Schauen Sie sich diese Liste an und lassen Sie die Assoziationen der anderen auf sich wirken: Welche drei davon sprechen Ihre innersten Sehnsüchte am meisten an? Womit identifizieren Sie sich spontan am meisten? Welche Assoziationen berühren Sie besonders angenehm und positiv?

Das sind zentrale Aspekte Ihres Selbst, denen Sie auf diese Weise ein Stück nähergekommen sind. Überlegen Sie weiter, welche Bedeutung Sie für Ihre Lebensausrichtung haben können. Wie viel davon findet in Ihrem Leben schon Raum für Entfaltung? Ist es genug? Wie und wodurch konkret können Sie Ihr Ändern so gestalten, dass diese zentralen Sehnsüchte mehr Erfüllung finden? Wie könnte ein Lebensmotto lauten, das darauf basiert?

Lassen Sie sich auf diese Übung ein, auch wenn Sie glauben, keine kreative Ader in sich zu haben. Es geht nicht um die künstlerische Qualität. Es geht um Sie selbst! Und bestimmt sind Sie am Ende überrascht, wie schön Ihre Sehnsuchts-Collage geworden ist!

●=● Übung: Lesen und Notizen machen

Lesen bildet. Lesen erweitert den Horizont. Lesen macht Spaß.
Viele verwenden täglich mehrere Stunden für das Lesen.

Ich selbst lese auch sehr gerne. Dabei tauche ich gerne in andere und
neue Welten, Gedanken und Themen ein. Es ist ungeheuer bereichernd und weckt immer auch Nachdenken über mich selbst und
meinen Weg in mir.

Muten Sie sich auch ab und zu einmal wieder ein Buch zu. Verlieren
Sie sich nicht nur in schnellen und kurzen Texten im Internet. Genießen Sie die Haptik eines Buches in Ihrer Hand. Machen Sie es sich mit
einem Buch gemütlich. Trauen Sie sich auch immer wieder mal an
schwierige geistige Kost. Ich empfehle philosophische Texte. Gönnen
Sie sich aber auch leichte Kost. Lesen Sie einen Roman oder Krimi
und tauchen Sie ab in die Lebensgeschichten der Protagonisten.

Manchmal stolpert man beim Lesen über einzelne Sätze, die berühren, inspirieren oder einfach außergewöhnlich sind. Solche Sätze
haben etwas mit Ihnen selbst zu tun. Jemand anders stolpert über
andere Sätze. Weil er anders denkt als Sie.

Schreiben Sie solche zentralen Sätze auf. Sammeln Sie auf diese
Weise Aspekte, die für Sie selbst wesentlich sind. Lassen Sie das Ge-
schriebene immer wieder auf sich wirken. Diskutieren Sie vielleicht
mit jemand anderem darüber. Auch das ist Lernen. Lernen, das Spaß
macht. Lernen, dass Sie sich selbst näherbringt.

👀 Der vorübergehende Umzug

Eine Geschichte zur Bedeutung von Selbstentfaltung

Kürzlich las ich über eine Frau, die sich regelmäßig für begrenzte Zeit an neue und doch alltägliche Orte begibt.

Anstatt während ihres Urlaubs in Feriendomizile zu verreisen, zieht sie beispielsweise in dieser Zeit für drei oder vier Wochen in ein möbliertes Appartement in der eigenen Stadt, aber in einen anderen Stadtteil. Sie sucht währenddessen bewusst nicht ihre eigene Wohnung auf. Sie lebt in dem anderen Stadtteil, als sei sie dorthin verzogen.

Dabei sucht sie die Begegnung mit den Menschen, die dort leben. Sie spricht die Bewohner des Viertels im Supermarkt, auf der Parkbank, im Café, auf dem Markt, in der Kneipe an der Ecke an und fragt sie nach ihren Lebensgeschichten. Viele von ihnen erzählen ihr gerne und bereitwillig davon. Dabei erfährt sie von zum Teil sehr ungewöhnlichen Lebensentwürfen und -verläufen. Völlig andere als ihre eigenen. Eine bunte Vielfalt von Möglichkeiten eröffnete sich, in die sie jeweils für die Dauer der Erzählung eintaucht und daran teilhat.

Wie sie es beschrieb, erlebt sie diese Zeiten als bereichernd und inspirierend für ihre eigene weitere Entwicklung. Sie nimmt die Eindrücke als Anlass, ihr eigenes Leben zu reflektieren, zu hinterfragen und ihre Ansprüche und Vorstellungen zu relativieren.

Sie beschreibt diese Zeiten als spannend, inspirierend und wohltuender als einen Urlaub im üblichen Sinn. Und preiswerter ist es obendrein. Jeder dieser »Umzüge« war Auslöser für einen nächsten eigenen Entwicklungsschritt.

Ich war fasziniert und verspürte sofort große Lust, es einmal ähnlich zu tun. Vielleicht ist das ja auch eine nächste Urlaubsoption für Sie?

Zum Schluss

Ich wünsche mir, dass Sie nun vielfach inspiriert sind, Ihr gesundes Ego weiter zu stärken. Wie es geht, wissen Sie jetzt. Sie konnten erfahren, wie Sie sich selbst wertschätzen, und haben entdeckt, was Sie alles haben, sind und können. Sie sind sich jetzt Ihrer selbst bewusst und wissen, was Ihnen wichtig ist und wofür Sie zukünftig gut sorgen können und wollen. Sie sind Ihrem Wesenskern auf die Spur gekommen und haben sich von den zahlreichen Erwartungen von außen lösen und sich Ihrem Inneren zuwenden können. Damit sind Sie freier geworden. Sie sind mutiger geworden und trauen sich, mit gutem Gewissen Grenzen für sich zu setzen. Sie gestalten und nehmen Einfluss, da, wo Sie wirksam sein können. Sie nehmen Ihr Leben verantwortlich selbst in die Hand. Dabei vertrauen Sie sich und Ihren Kräften. Sie sind sicherer im Umgang mit den Herausforderungen des Lebens geworden. Dabei haben Sie sich weiterentwickelt und entfaltet. Und dabei haben Sie auch viel darüber erfahren, wie Sie gar nicht egoistisch, aber gut für sich selbst sorgend, vertrauensvoll gute Beziehungen gestalten können.

Ich wünsche mir, dass Sie Lust verspüren, beständig weitere Schritte hin zu sich selbst und einem gesunden und starken Ego zu gehen. Vielleicht haben Sie einige der Ideen, Übungen, Anregungen und Impulse aus den Beispielen und Geschichten ausprobiert und eine positive Wirkung bemerkt. Es ist wichtig, dass Sie weitermachen. Bitte überfordern Sie sich aber nicht. Gehen Sie in kleinen Schritten voran. Nehmen Sie sich nicht zu viel auf einmal vor. Spüren Sie empathisch, welche Themen gerade wichtig für Sie sind, und üben Sie genau da weiter. So machen Sie noch mehr positive Erfahrungen, lernen dazu und spüren, wie Sie sich immer mehr entwickeln, entfalten und daran reifen. Genießen Sie diesen wohltuenden Prozess. Genießen Sie das gute Gefühl, immer mehr zu sein, wer Sie im Kern Ihres Wesens wirklich sind.

Ich freue mich, wenn ich Sie für sich selbst begeistern konnte, und schließe meine Gedanken mit einem Zitat, das ich Ihnen zum guten Schluss mit auf den Weg geben möchte.

*Sei dir darüber im Klaren:
Sobald du darauf achtest,
wie du bei den Leuten ankommst,
hast du allen Halt in dir verloren.*

Epiktet

Service

Literaturempfehlungen

Alles, was Sie gelesen haben, beruht auf meinen Erfahrungen und Erkenntnissen aus vielen Jahren praktischer Arbeit als Coach und Trainerin, auf meinen persönlichen Lebenserfahrungen und der Lektüre zahlreicher Fachbücher, Fachartikel, populärwissenschaftlicher Schriften, interessanter Internet-Artikel sowie auf den Erkenntnissen aus vielen selbst absolvierten Fortbildungen.

Alle Anregungen aufzuführen, würde den Rahmen dieses Buches sprengen. Da Sie kein wissenschaftliches Handbuch in Händen halten, sondern ein lebenspraktisches Buch, verzichte ich auf ein umfangreiches Literaturverzeichnis. Sie werden, sofern Sie neugierig geworden sind, selbst wissen, wie und wo Sie weiter zum Thema stöbern können. Das Internet und gute Buchhandlungen bieten dafür einen reichen Fundus.

Gehen Sie auf die Suche!

Anschließend nenne ich Ihnen hier einige Bücher, die mich selbst sehr berührt oder inspiriert haben. Das ist eine subjektive Auswahl, die nicht ansatzweise einen Anspruch auf Richtigkeit oder gar Vollständigkeit erhebt. Es soll eine kleine erste Inspiration für Sie sein, sich weiter mit dem Thema zu beschäftigen. Nicht mehr, aber auch nicht weniger.

Bücher

Achenbach, Gerd B: Das kleine Buch der inneren Ruhe. Neuauflage. Verlag Herder GmbH 2016.

Alain: Die Pflicht glücklich zu sein. 12. Auflage. Suhrkamp Verlag 2014.

Bayda, Ezra: Der Zen-Weg zu einem authentischen Leben. Gelassenheit finden in unruhigen Zeiten. Arbor Verlag 2015.

Berzbach, Frank: Die Kunst ein kreatives Leben zu führen. Anregungen zu Achtsamkeit. 8. Auflage. Verlag herrmann schmidt 2016.

Binder, Thomas: Ich-Entwicklung für effektives Beraten. Vandenhoeck & Ruprecht 2016.

Dirks, Liane: Sich ins Leben schreiben. Kösel-Verlag 2015.

Kegan, Robert: Die Entwicklungsstufen des Selbst. Fortschritte und Krisen im menschlichen Leben. 6. unveränderte Auflage. Kindt Verlag 2011.

Storch, Maja; Kuhl, Julius: Die Kraft aus dem Selbst. Verlag Hans Huber 2012.

Strelecky, John: The Big Five for Life. Was wirklich zählt im Leben. 19. Auflage. dtv Verlagsgesellschaft 2017.

Walsch, Neale Donald: Gespräche mit Gott Band 1. Ein ungewöhnlicher Dialog. 15. Auflage. Wilhelm Goldmann Verlag 1997.

Weber, Andreas: Lebendigkeit. Eine erotische Ökologie. 4. Auflage. Kösel-Verlag 2014.

Links

Dobelli, Rolf: Die Kunst des guten Lebens. Neue Zürcher Zeitung. Feuilleton. https://www.nzz.ch/feuilleton/die-kunst-des-guten-lebens/ – aufgerufen 18.01.2018

Jardine, Anja: Achtsamkeit in der Wirtschaft. Neue Zürcher Zeitung. https://www.nzz.ch/wirtschaft/achtsamkeit/achtsamkeit-in-unternehmen-cool-bleiben-im-treibsand-ld.1 308 252

Müller, Rainer: Psyche und Arbeit. Psychische Gesundheit am Arbeitsplatz. http://psyche-und-arbeit.de – aufgerufen 18.01.2018

Dietrich, Gilbert: Geist und Gegenwart. Erkenne dich selbst. Der Rest kommt (fast) von allein. http://www.geistundgegenwart.de

The British Psychological Society. Research Digest. https://digest.bps.org.uk/2017/09/08/learning-more-about-yourself-could-help-you-better-understand-others/

Dank

Eine Reihe mir sehr wichtiger Menschen hat mich bei diesem Buchprojekt mit bereichernden Gedanken, Anregungen und konstruktiver Kritik begleitet. Ich empfinde es als große Wertschätzung mir und meiner Arbeit gegenüber. Ihnen allen möchte ich an dieser Stelle deshalb sehr danken für ihre wertvolle Mitarbeit.

Andrea Handl-Erdmann, Brunhilde Zmuda, Anja-Alexandra Jackowski, Karin C. Deimel und Iris Katlewski haben sich als Vorweg-Leserinnen zur Verfügung gestellt und mir zu jedem Kapitel ihre Rückmeldungen gegeben. Jede von ihnen hatte einen anderen Blick darauf, andere Erwartungen daran und andere Gedanken dazu. Zusammen ist für mich daraus ein wertvoller Fundus an Impulsen für die Verbesserung der Texte entstanden.

Tausend Dank dafür!

Thomas Dülberg hat mit seiner redaktionellen und schriftstellerischen Kompetenz meine Art und Weise zu schreiben wesentlich beeinflusst und positiv geprägt. Mit seinem starken Selbst war er obendrein immer wieder ein inspirierender Gesprächspartner für das Thema.

Großen Dank dafür!

Christof Riegert hat mir mit seinem Blick als politischer Berater weitere und andere sehr wichtige Inspirationen für meinen Schreibprozess gegeben.

Vielen Dank dafür!

Die Zusammenarbeit mit meiner Agentin und Lektorin Imke Rötger war immer sehr fruchtbar und angenehm. Mit ihrer langjährigen Erfahrung und Kompetenz hat sie mich in allen Fragen rund um mein Buchprojekt bestens, auch gegenüber dem Verlag, unterstützt und begleitet.

Ganz herzlichen Dank dafür!